FICHA CATALOGRÁFICA

(Preparada na Editora)

Xavier, Francisco Cândido, 1910-2002.

X19e *Enxugando Lágrimas* / Francisco Cândido Xavier, Elias Barbosa, Espíritos Diversos. Araras, SP, 30ª edição, IDE, 2025.

224 p.:

ISBN 978-85-7341-757-9

1. Espiritismo 2. Psicografia I. Barbosa, Elias, 1934-2011 II. Espíritos Diversos. III. Título.

CDD -133.9
-133.91
-133.901 3

Índices para catálogo sistemático:

1. Espiritismo 133.9
2. Psicografia: Mensagens: Espiritismo 133.91
3. Vida depois da morte: Espiritismo 133.901 3

CHICO XAVIER
& ELIAS BARBOSA

enxugando lágrimas

Série
"A vida depois da morte"

Fatos de indiscutível autenticidade da continuidade da vida.

ide

ISBN 978-85-7341-757-9

30ª edição - outubro/2025

Conselho Editorial:
Doralice Scanavini Volk
Wilson Frungilo Júnior

Produção e Coordenação:
Jairo Lorenzeti

Revisão de texto:
Mariana Frungilo Paraluppi

Capa:
Samuel Carminatti Ferrari

Diagramação:
Maria Isabel Estéfano Rissi

Parceiro de distribuição:
Instituto Beneficente Boa Nova
Fone: (17) 3531-4444
www.boanova.net
boanova@boanova.net

INSTITUTO DE DIFUSÃO ESPÍRITA - IDE
Rua Emílio Ferreira, 177 - Centro
CEP 13600-092 - Araras/SP - Brasil
(19) 3541-5215 (19) 99791-8779
CNPJ 44.220.101/0001-43
Inscrição Estadual 182.010.405.118
www.ideeditora.com.br
editorial@ideeditora.com.br

Sumário

TERCEIRA PARTE

Enxugando Lágrimas

Época de profundas contradições a que vivemos! No limiar do terceiro milênio, com a evolução tecnológica a honorificar a inteligência humana, temos o problema da morte tão complexo quanto se revelava há séculos de retaguarda. Agentes químicos de comprovada eficiência na cura de moléstias insidiosas não apresentam nenhum valor para suprimir o vazio deixado pelos entes queridos, quando a desencarnação de algum deles nos vincula o pensamento a inquietantes indagações. Impactos emocionais e estados de carência afetiva ampliam de tal modo o obituário do mundo, que a procura de reconforto e de esperança, por parte dos que sofrem, assume proporções tão grandes que todos somos chamados ao campo de trabalho à busca de consolação e paz que nos auxiliem a consolidar a certeza na imortalidade.

Por isso mesmo, apresentamos, neste volume, suficiente material, não só para os estudiosos do assunto, mas para aqueles companheiros da Humanidade que perguntam, de olhos úmidos, pelas soluções ao problema do destino e da dor.

Aqui, corações queridos se interligam entre os dois mundos, dando-nos a saber que a morte é unicamente uma ocorrência de mudança, sem ser separação ou despedida, especialmente entre os que se amam nos campos da vida.

Nestas cartas, encontramos reunidos noticiários diversos entre filhos e pais, irmãos e amigos, graças à bondade dos Mensageiros do Mais Alto, que se dignaram trazer-nos confiança, serenidade, paz, esperança e alegria.

Sem quaisquer pretensões didáticas, e embora respeitando a ciência de nossos dias, aqui lhe entregamos, leitor amigo, o presente volume que, acima de tudo, destina-se a enxugar lágrimas e rearticular corações para os embates da existência.

Que estas páginas, que falam da vida plena com tanta clareza, possam cumprir a tarefa a que se destinam, erguendo almas e levantando corações para a Vida Maior, são os nossos votos, solicitando a Jesus a todos nos fortaleça para que venhamos a continuar impávidos na construção do túnel de abençoada luz que um dia nos trará o preciso acesso aos mundos novos que nos esperam, a demonstrar-nos, de maneira irretorquível, a existência de Deus, a perenidade do Espírito, a beleza crescente da vida e a convicção de que a morte nunca nos separará uns dos outros, na jornada de elevação para a Vida Imortal.

ELIAS BARBOSA

Primeira Parte

Jovens egressos do grande além

1

Mensagem de Amor

Querida Mamãe, querido Papai, meu querido João Batista, Deus abençoe a nós todos.

Estou ainda quase sem forças.

Quase como no instante em que me levantei de mim mesma, depois de me haverem erguido, à maneira de uma criança.

E venho, querida Mãezinha, não apenas atraída por seu carinho, mas trazida na corrente de suas petições e de suas lágrimas.

Peço agora com mais insistência, não se entristeça, ajude-me com aquela fortaleza que em seu Espírito nunca vi esmorecer.

Perdoem-me, o seu coração e o coração de meu pai, se voltei tão às pressas à vida que me convidava às grandes renovações.

Tenho o reconforto de afirmar-lhes que não provoquei o choque do opala.

Pensei que pudesse fazer uma ultrapassagem pacífica, habituada que me achava a visar dimensões e examinar caminhos de relance.

Mãezinha, não julgue que sua filha pudesse, por um instante só, enfraquecer-se na fé, a ponto de buscar a desencarnação voluntária.

Dias antes, sentia-me em nossa casa como quem trazia a cabeça e as mãos crescidas, não sabia o que se passava.

Inclinei-me a refletir sobre mediunidade, mas, somente aqui, vim a saber que estava sendo preparada com carinho para a volta.

Tudo, Mamãe, foi muito rápido.

Um choque difícil de descrever e, depois, aquela ideia de que o desmaio era natural e inevitável, um sono agitado por pesadelos, porque a gente não se despede do corpo sem desatar muitos laços nem se desliga com muita facilidade do ambiente querido em que se nos desenvolveu a experiência familiar.

Quando acordei, porém, escutava seus apelos, suas perguntas, suas aflições e suas lágrimas, em forma de palavras e sons que me ecoavam por dentro do coração.

Senti-me perdida, como quem se reconhece num hospital que não pediu nem esperou.

Os conhecimentos que trazia comigo me foram valiosos, porque era justo que eu a chamasse aos gritos, manifestando minha estranheza em altas vozes, mas, quando vi o tio Orlando com aquele rosto sereno a fitar-me, ele que partira, antecedendo-me na vida Espiritual, creio por onze meses, compreendi tudo.

Achava-me, como ainda me encontro, numa instituição de refazimento em que o amigo maior é o Padre Antônio, direi Antônio Preto, de quem ouvira tantas vezes falar.

Acolheu-me com brandura, e soube que estávamos todos numa casa de socorro espiritual de urgência, fundada junto a Bebedouro pelo sacerdote Francisco Valente, que nos deu tanto amor, na formação do recanto em que Deus enviou a felicidade para morar conosco.

Lutei muito, querida Mamãe, porque não é fácil deixar a existência no lar, nem mesmo quando temos aquele ideal de estudar a vida em outros planos e em outros mundos, que sempre me marcou as ideias de menina votada para os assuntos do Espírito.

Rogo dizer à nossa Do Carmo e às amigas que a morte me apareceu na condição de uma benfeitora, e que não fui eu quem lhe bateu às portas.

Mãezinha, a senhora sabe que suicídio não constava de nossos propósitos, isto é, dos meus.

Páginas de amor e ternura, meditações sobre a vida espiritual que eu tenha escrito, sabe nosso querido João Batista que eram pensamentos soltos nos quais, muitas vezes, sentia-me sob influências mediúnicas.

Rogo ao querido irmão auxiliar-me com seu encorajamento e fé em Deus.

Joãozinho, meu irmão, estamos no tempo dos nossos testemunhos de confiança em Deus.

Estude e siga em frente.

Sua irmã não morreu.

O que sucedeu foi mudança de lugar e de clima, sem transformações em nosso amor de irmão que se quer tanto e que, com a bênção de Jesus, prosseguiremos unidos.

Mãezinha, agradeço as suas preces e as orações dos familiares, sem me esquecer dos pensamentos de amor da vovó Carolina e da tia Geni, em Viradouro.

Aqui, tenho encontrado muito amor, através de gestos de proteção que não plantei.

Nossos irmãos do Grupo do Calvário ao Céu estão irmanados aos outros, àqueles que, sob a proteção de São João Batista, distribuem socorro e bondade sob os nossos céus. Mamãe, perdoe sua filha, se minhas ideias pareciam por vezes extravagantes.

Eu sei que a sua ternura tantas vezes silenciava para que sua Landa estivesse crendo em sonhos e realizações distantes da verdade que impera na vida.

E me lembro dos seus olhos expressivos a me falarem sem palavras de suas preocupações por mim.

Creia, Mamãe, que não vim para cá trazendo afeições maiores que as nossas, você, papai, João Batista, Maria do Carmo e os nossos, parece que a gente mais jovem, quando sai da Terra de repente, na maioria dos casos, parece considerada como sendo pessoas que se afastam do mundo por desilusões e desenganos, mas não é assim.

Existem leis a que não conseguimos fugir.

Cada qual na Terra dispõe de uma quota de tempo a fim de fazer o que deve.

A parcela que a vida me reservava era curta.

Mas tenho a ideia de que tive os melhores pais da Terra e os melhores irmãos, porque recebi todos os recursos de casa para realizar em mim as construções espirituais que pude.

Dizer obrigada é pouco, mas digo assim mesmo: obrigada, Mãezinha, por seus braços que me guiaram na vida, por seus sacrifícios por mim, pelas orações que aprendi dos seus lábios, e que as teorias do progresso humano não me fizeram esquecer; por suas noites de vigília, por suas inquietações, acompanhando-me com as suas preces, quando me ausentava de casa, obrigada pelas repreensões que eu merecia e que ficaram sempre em seu carinho, sem que você me falasse dos receios que eu causava à sua ternura, obrigada por tudo, mas por tudo o que você me deu, e obrigada a todos os que me concederam em família para me servirem de protetores e companheiros.

Estou ainda muito pobre de forças, mas Deus concederá à sua filha energias novas, e serei útil.

Mãezinha, meu pai, João Batista, tia Geni e todos os meus entes queridos, termino dizendo que estou agradecida, amando a todos cada vez mais.

E o Papai me permitirá terminar esta carta dizendo à Mãezinha, naquele abraço total, quando voltava a casa depois de qualquer ausência.

Mãezinha, você é tudo para mim, Mamãe, querida Mãezinha, abençoe-me e deixe que me ajoelhe diante das suas preces outra vez para repetir que nós duas confiamos em Deus.

E receba todo o carinho, com muitos beijos da sua filha, agora mais sua filha no coração,

Yolanda

2

Leis a que não conseguimos fugir

Semanas após a recepção da "Mensagem de Amor", pelo médium Francisco Cândido Xavier, a 15 de outubro de 1976, ao final da reunião pública no Grupo Espírita da Prece, em Uberaba, Minas, a família da entidade comunicante se encarregou de imprimir um folheto contendo, além da aludida peça mediúnica, os dados biográficos e outros elementos comprobatórios de que nos servimos nestes apontamentos.

1. *Yolanda Carolina Giglio Villela*: nasceu em Viradouro, Estado de São Paulo, a 23 de maio de 1949, e desencarnou a 4 de julho de 1976, em consequência de desastre automobilístico.

Filha do Sr. José Nogueira Villela e de D. Anita Giglio Villela, era formada em Letras e exercia o magistério;

cultivava a música, a poesia, e se interessava pelos assuntos de ordem espiritual.

2. *João Batista*: trata-se de seu irmão mais novo.

3. Detalhe dos mais importantes, para o qual solicitamos a atenção do leitor: "Tenho o reconforto de afirmar-lhes que não provoquei o choque do Opala." Com efeito, o carro que se chocou com o seu Chevette era um Opala. O médium desconhecia por completo semelhante pormenor, na aparência anódino, mas de profunda significação no contexto geral da mensagem.

4. "Mãezinha, não julgue que sua filha pudesse, por um instante só, enfraquecer-se na fé, a ponto de buscar a desencarnação voluntária."

Surgiram muitas dúvidas – informa a família de Yolanda – sobre o acidente, e uma delas era a de ter sido o choque provocado por ela própria.

5. Prova inescusável da Misericórdia Divina a derramar-se sobre todos nós: "Dias antes, sentia-me em nossa casa como quem trazia a cabeça e as mãos crescidas (...), mas somente aqui vim a saber que estava sendo preparada com carinho para a volta."

A quem deveria partir com ambas as mãos quebradas e com fratura de crânio, qual aconteceu com a jovem Yolanda no acidente, este passo da missiva dá muito o que pensar a quantos se interessem pelos estudos referentes ao fenômeno da Morte.

Dias antes da ocorrência, Yolanda comentara com o

irmão que “numa noite sentira as mãos e a cabeça crescidas”.

6. “Os conhecimentos que trazia comigo me foram valiosos.”

A prova disso encontramos na lucidez de Yolanda ao defrontar-se com o tio Orlando, com plena e absoluta noção de espaço e tempo.

Orlando Giglio, irmão de D. Anita Giglio Villela, desencarnara a 8 de agosto de 1975, onze meses antes que sua amiga, sobrinha e confidente fosse vítima, também, de um acidente automobilístico.

O médium Xavier não poderia ter conhecimento dessas minudências. E minudências de inconcussa consideração.

7. “Padre Antônio, direi Antônio Preto, de quem ouvira tantas vezes falar.”

A autora espiritual se refere ao Frei Antônio Preto, desencarnado a 17 de dezembro de 1975, em consequência de capotamento do automóvel em que viajava. Exercia ele o sacerdócio, há muito tempo, na cidade de Bebedouro, Estado de São Paulo, formando laços de amizade com a família Villela.

8. *Landa*: era o apelido familiar da comunicante.

9. “Rogo dizer à nossa Do Carmo e às amigas que a morte me apareceu na condição de uma benfeitora, e que não fui eu quem lhe bateu às portas.”

Confrontemos, acima, o item 4. Maria do Carmo: a primogênita da família.

10. *Vovó Carolina*: desencarnada a 23 de janeiro de 1949, em Viradouro, SP, avó materna do Espírito comunicante.

11. *Tia Geni*: Sra. Geni Garcia Giglio, esposa do Sr. Orlando Giglio, residente em Viradouro, que se achava presente no momento da transmissão da página mediúnica.

12. "*Grupo do Calvário ao Céu*": Centro Espírita da cidade de Bebedouro, SP, onde Yolanda e o irmão, por várias vezes, frequentaram.

Da expressiva mensagem de Landa, ser-nos-á lícito extrair, dentre outras, as seguintes conclusões:

a) Que os pais devem auxiliar os filhos desencarnados com a bênção da compreensão, sem constranger-lhes o Espírito com pensamentos de inquirição ou de angústia, reconhecendo que todos nós na Terra, pais ou filhos, somos criaturas de Deus.

b) Que "Não é fácil deixar a existência do lar, nem mesmo quando temos aquela ideia de estudar a vida em outros planos e em outros mundos"; daí, o imperativo de homenagearmos os entes queridos que nos antecederam na grande viagem de retorno à verdadeira vida, com as vibrações da prece e com o apoio do serviço ao próximo.

c) Que a morte não passa de mudança, seja de lugar ou de clima, para quem parte, sem transformações no amor em relação aos que ficam.

d) Que devemos respeitar todas as correntes religiosas, cientes quais somos de que os Espíritos Iluminados prosseguem supervisionando templos e socorrendo criaturas de todas as latitudes, encarnadas ou desencarnadas.

Sumamente séria, nesse sentido, a alusão a São João Batista na mensagem;

e) Que precisamos aceitar, com o máximo de resignação, a morte dos entes amados, deixando de lhes atribuir sentimentos imaginários como sendo os fatores desencadeantes do decesso que, mais cedo ou mais tarde, sobrevirá para cada um de nós.

f) Que, enfim, precisamos facear com realismo os problemas relacionados com a Morte. Com vistas a nos edificarmos sempre e mais, tomamos a liberdade de transcrever alguns trechos da autora de *On Death an Dying*, com a devida permissão do Editor[1]. A Dra. Elisabeth Kübler-Ross, quando lhe perguntaram: "*Quais as atitudes, a seu ver, que são errôneas em relação à morte? Haverá algo mais que costumamos fazer e que torne pior a morte para o paciente?* – não hesitou em responder: *Há dois obstáculos principais. O primeiro são os médicos, que estão treinados para prolongar a vida. (...) O outro problema são os cônjuges. Se um homem, que teve a coragem de aceitar sua morte iminente, tem a seu lado uma mulher choramingando: 'Não morra, não posso viver sem você', não conseguirá morrer em paz. De modo geral, meu trabalho é ajudar médicos e esposas a deixarem-nos ir em paz, para que o paciente não se sinta culpado de 'morrer apesar dos seus esforços.'*"

---

[1] "Face a Face com a Morte", entrevistas com a Dra. Elisabeth Kübler-Ross, em *Seleções do Reader's Digest,* de novembro de 1976 (Tomo XI, nº 66), pp. 57-60.

Fato curioso, caro leitor: praticamente em quase todas as mensagens recebidas pelo médium Xavier, desde 1927 até os nossos dias, de pessoas desencarnadas em situação de violência e/ou desastre, trazem a tônica apontada pela Dra. Kübler-Ross – os Espíritos comunicantes como que pedem desculpas por terem se desligado do veículo físico de forma abrupta ou, por outras palavras, por não conseguirem a desencarnação "em paz", no tocante aos familiares que ficaram.

Para concluir, transcrevamos apenas estes dois ligeiros tópicos das notáveis entrevistas:

"P. Quando é que se deveria iniciar a preparação para se compreender e aceitar a morte?

R. Na infância. A morte de um animal que se tenha em casa é boa oportunidade para começo. Que ele seja enterrado com ritual; não o esconder na lata de lixo e ir logo comprar outro para substituí-lo. É importante deixar que as crianças conheçam a dor e a perda."

"P. Acha que há vida além da morte?

R. Sempre senti que algo bastante significativo ocorre minutos depois da morte "clínica". Grande parte dos meus pacientes adquirem expressão fantasticamente tranquila, mesmo aqueles que lutaram desesperadamente contra a morte."[2]

---

[2] A propósito, veja-se o livro do Dr. Lee Salk - *O que toda criança gostaria que seus pais soubessem* –, Trad. de Luzia Machado da Costa, Editora Edibolso S.A. São Paulo (1978) p. 188.

3

Sonhos de noivado desfeitos na Terra

Meu querido pai, minha querida Maria José, nossa querida Zezé, meu bom irmão Antônio Garcia, rogo a bênção de Deus em nosso favor.

Venho pedir aos meus para que não chorem assim com tanta mágoa.

Há quase dois anos, a lei de Deus me trouxe para a vida nova, mas, querida irmãzinha, seu mano está preso, preso às aflições em casa.

Não chorem mais com essa dor que mais nos parece um braseiro no coração.

Querida Maria José, preciso de sua conformação junto da mãezinha Laura e de meu pai.

Naquele dia de agosto, eu devia passar por

Mogi-Mirim, alcançando a Anhanguera perto de Limeira, mas entendi que por Mogi-Guaçu seria um atalho e a viagem seria de menor tempo, e arrisquei. Saí, de Itapira, alegre, mas tudo aconteceu como devia acontecer. Querida irmã, tudo aquilo que não depende de nós, e que sucede contrariamente aos nossos desejos, vem da lei de Deus. Quando o choque dos veículos me abateu, senti-me num sono profundo e só acordei quando ouvi que me chamaram em casa, com muitas lamentações. A princípio, nada compreendi. Parecia-me num sonho-pesadelo, mas o amparo do vovô Manoel, que me acolheu carinhosamente, era para mim um socorro que não sabia como receber. Não conhecia as pessoas no começo de meu novo caminho, pois tive a ideia de me achar num hospital do mundo, no entanto, aos poucos, meu avô Manoel e a vovó Gabriela me esclareceram.

Desde então, estou lutando muito para retornar à tranquilidade.

Estou ligado à nossa casa por fios que desconheço e hoje, que sou trazido a lhes dar notícias, rogo as preces da conformação e da fé em Deus, em meu auxílio.

Zezé, minha querida irmã, peço a você fazer este meu pedido, finalmente, à nossa Regina. Em verdade, os nossos sonhos de noivado se desfizeram na Terra, mas, acima de tudo, somos irmãos. Nossa querida Regina é uma criatura admirável, e, logo que eu estiver tranquilo, tentarei colaborar para vê-la feliz.

Aí, não somos preparados na Terra para enfrentar o problema da vinda para cá. Penso que a falta de conhecimento coloca noventa por cento de dificuldades nos problemas que a morte do corpo nos obriga a aceitar.

Papai amigo e querida irmã, como peço igualmente a você, meu caro Garcia, ajudem-nos com as orações da esperança e lembrem-se de que ninguém morre.

Nossos familiares nos auxiliam tanto em nossas doenças e provações do mundo... Por que não nos auxiliarem na renovação em que nos vemos, nós, os que perdemos uma estrada para entrarmos em outra?

Tenham confiança em Deus e amparem-me.

Estou precisando muito da paz em vocês para encontrar a paz em mim. Estarei com vocês nas orações. Vovó Gabriela, aqui comigo, abraça-os, e eu, querido pai e querida irmã, lembrando a Mãezinha e todos os nossos, deixo-lhes, nestas escritas, o coração reconhecido de filho e de irmão, que pede a Jesus nos fortaleça e nos abençoe.

João Jorge

4

Preparação para a morte

Antes que passemos ao estudo da mensagem a que demos o título de "Sonhos de Noivado Desfeitos na Terra", vejamos o que diz a questão 936 de *O Livro dos Espíritos*[1]:

"– Como as dores inconsoláveis dos sobreviventes afetam os Espíritos que lhe são objeto?

– *O Espírito é sensível à lembrança e aos lamentos daqueles que amaram, mas uma dor incessante e irracional o afeta penosamente, porque ele vê, nessa dor excessiva, uma falta de fé no futuro e de confiança em Deus e, por conseguinte, um obstáculo ao progresso e, pode ser, ao reencontro.*"

O Espírito, estando mais feliz no Além que na Terra, naturalmente dispensa lamentações.

---

[1] Allan Kardec, *O Livro dos Espíritos,* Trad. de Salvador Gentile, Ide Editora, Araras, SP.

Dois amigos são prisioneiros e encerrados no mesmo cárcere – prossegue Kardec –, ambos devem um dia readquirir a liberdade, mas um deles a obtém antes do outro. Seria caridoso, àquele que fica, descontentar-se porque o amigo seja libertado antes dele? Não haveria mais egoísmo que afeição em semelhante atitude?

Em seguida, anotemos um capítulo da Revista Espírita – *Primeiro Ano – 1858* [2] – "Evocações Particulares" –, ao qual Allan Kardec deu o título de "Mamãe, aqui estou!":

"A Sra. xxx havia perdido, meses antes, a filha única, de quatorze anos, objeto de toda sua ternura e muito digna de seus lamentos, pelas qualidades que prometiam torná-la uma senhora perfeita. A moça falecera de longa e dolorosa enfermidade. Inconsolável com a perda, dia a dia a mãe via sua saúde alterar-se e repetia incessantemente que, em breve, iria reunir-se à filha. Informada da possibilidade de se comunicar com os seus além-túmulo, a Sra. xxx resolveu procurar, na conversa com a filha, um alívio para a sua pena. Uma senhora de seu conhecimento era médium; mas, pouco afeitas uma e outra a semelhantes evocações, principalmente numa circunstância tão solene, pediram-me assistência. Éramos três: a mãe, a médium e eu. Eis o resultado dessa primeira sessão.

---

[2] Allan Kardec, *Revista Espírita – Jornal de Estudos Psicológicos – Primeiro Ano – 1858,* Trad. de Julio Abreu Filho, Editora Cultural Espírita Ltda. – Edicel, São Paulo, 1964, pp. 16-17.

A Mãe: Em nome de Deus Todo-Poderoso, Espírito de Júlia, minha filha querida, peço-te que venhas, se Deus o permitir.

Júlia: Mamãe, aqui estou!

A Mãe: És tu, minha filha, que me respondes? Como posso saber que és tu?

Júlia: Lili. (Era o apelido familiar, dado à moça em sua infância. Nem a médium o sabia, nem eu, pois, há muitos anos, só a chamam Júlia. Com este sinal, a identidade era evidente. Não podendo dominar sua emoção, a mãe rebentou em soluços).

Júlia: Mamãe, por que te afliges? Eu sou feliz, muito feliz. Não sofro mais e vejo-te sempre.

A Mãe: Mas eu não te vejo! Onde estás?

Júlia: Aí ao teu lado, com a minha mão sobre a Sra. x (a médium) para que escreva o que te digo. Vê a minha letra (A letra era realmente a da moça).

A Mãe: Tu dizes: minha mão. Então tens corpo?

Júlia: Não tenho mais o corpo que tanto me fez sofrer; mas tenho a sua aparência. Não estás contente porque não sofro mais e porque posso conversar contigo?

A Mãe: Se eu te visse, reconhecer-te-ia então?

Júlia: Sim, sem dúvida; e já me viste muitas vezes em teus sonhos.

A Mãe: Com efeito, eu te revi nos meus sonhos; mas pensei que fosse efeito da imaginação; uma lembrança.

Júlia: Não; sou eu mesma, que estou sempre contigo e te procuro consolar; fui eu quem te inspirou a ideia de me evocar. Tenho muitas coisas a te dizer. (...)

A Mãe: Estás entre os anjos?

Júlia: Oh! Ainda não: não sou bastante perfeita.

A Mãe: Entretanto, não te conhecia nenhum defeito; eras boa, meiga, amorosa e benevolente para com todos. Então, isto não basta?

Júlia: Para ti, mãe querida, eu não tinha defeitos, supunha eu, pois mo dizias tantas vezes! Mas agora vejo o que me falta para ser perfeita.

A Mãe: Como adquirirás essas qualidades que te faltam?

Júlia: Em novas existências, que serão cada vez mais felizes.

A Mãe: É na Terra que terás novas existências?

Júlia: Nada sei a respeito.

A Mãe: Desde que não fizeste o mal em tua vida, por que sofreste tanto?

Júlia: Prova! Prova! Eu a suportei com paciência, pela minha confiança em Deus. Hoje, sou muito feliz por isto. Até breve, querida mamãe!

Ante fatos que tais, quem ousará falar do nada do túmulo, quando a vida futura se nos revela, por assim dizer, palpável? Essa mãe, minada pelo desgosto, experimenta hoje uma felicidade inefável em poder conversar com a filha; entre elas não mais separação; suas almas confundem-se e se expandem no seio uma da outra, pela troca de seus pensamentos.

A despeito do véu com que cercamos esta relação, não a teríamos publicado se não tivéssemos tido autorização formal. Aquela mãe nos dizia: Possam todos quantos perderem suas afeições terrenas experimentar a mesma consolação que experimento!

Acrescentaremos apenas uma palavra aos que negam a existência dos bons Espíritos. Perguntamos como poderiam provar que o Espírito dessa jovem fosse um demônio malfazejo?"

Servindo-nos das notas que acompanharam a publicação da mensagem sob nossa análise, na Folha Espírita de novembro de 1976, com o título "Mensagem de João Jorge para o Pai"[3], concluamos este já longo capítulo.

1. "*Maria José, nossa querida Zezé*": Sra. Maria José Lima dos Santos, irmã do missivista desencarnado, cujo apelido familiar, de fato, é o citado na mensagem – Zezé.

---

[3] *Folha Espírita*, São Paulo, Novembro de 1976, Ano II, nº 32, p. 4.

2. "*Meu bom irmão Antônio Garcia*": Antônio Garcia dos Santos, cunhado de João Jorge.

3. "*Mãezinha Laura*": Sra. Laura Martins Pereira Lima, genitora do comunicante.

4. *Mogi-Guaçu:* cidade paulista, local do acidente.

5. *Itapira*: cidade do Estado de São Paulo, onde trabalhava João Jorge de Lima.

6. *Vovô Manoel*: trata-se do Sr. Manoel Cândido de Lima, desencarnado a 22 de janeiro de 1926, avô paterno do autor da mensagem.

7. *Vovó Gabriela*: o Espírito se refere à sua avó paterna, Sra. Gabriela Inocência da Conceição, desencarnada a 1º de abril de 1973.

8. "Em verdade, os nossos sonhos de noivado se desfizeram na Terra, mas, acima de tudo, somos irmãos. Nossa querida Regina é uma criatura admirável, e, logo que eu estiver tranquilo, tentarei colaborar para vê-la feliz." João Jorge faz alusão àquela que lhe fora noiva na Terra: Srta. Regina Yara Di Giorgio.

9. Nome do pai do comunicante: Sr. João Cândido de Lima, residente em São Joaquim da Barra, Estado de São Paulo.

Concluindo, convidamos a atenção do leitor amigo apenas para dois pontos da mais alta importância.

a) a mensagem psicografada pelo médium Xavier,

ao final da reunião pública do Grupo Espírita da Prece, na noite de 23 de julho de 1976, em Uberaba, alerta-nos quanto à necessidade da preparação para a morte, já "que a falta de conhecimento coloca noventa por cento de dificuldades nos problemas que a morte do corpo nos obriga a aceitar";

b) necessidade da conformação, da confiança em Deus, por parte dos que ficam. Depois de tantas considerações, numa tentativa de compreender a mensagem de João Jorge e revesti-la do valor que merece, não nos furtamos ao prazer de encerrar nosso estudo com um trecho que sempre nos oferecerá motivo para meditações profundas:

"Nossos familiares nos auxiliam em nossas doenças e provações do mundo... Por que não nos auxiliarem na renovação em que nos vemos, nós, os que perdemos uma estrada para entrarmos em outras?"

5

A fonte que nos lava o coração

Querida Mamãe, querido papai, peço para que me abençoem.

Estou num momento difícil. É verdade que temos estado juntos. De outras vezes separados pelas impressões. Unidos na mesma luz de confiança na prece.

Agora, porém, meu avô Izaltino me encoraja a escrever. "É preciso que sua mamãe saiba de tudo, que vocês não morreram", diz ele. E a permissão solicitada por ele veio até nós, Mãezinha; rogo à senhora para que as lágrimas não sejam assim tão doloridas. Compreendo, hoje. O pranto é semelhante à fonte que nos lava o coração por dentro, mas, entendendo nesse aspecto, as lágrimas são benditas.

Evitemos, querida Mamãe, a tristeza destrutiva, essa que fica em nós parecendo moléstia escondida. Até a nossa própria dor pode ser traduzida por música. A música da caridade.

Aqui, sua filha recorda que as notas na pauta são semelhantes às lágrimas, gotas de amor e de aflição, de alegria e de esperança que o coração vai colocando nas linhas da vida. Depois, Mãezinha, se quisermos transformar a composição em melodia, é sairmos de nós e auxiliar os outros. Veja a senhora que a sua filha tem progredido um pouquinho. Mas isso, meu pai, não quer dizer que já venci. Falamos de nossos encargos, muitas vezes para saber cumpri-los. Esta é que é a verdade. Mas estou num curso de aperfeiçoamento pessoal, quase severo, se não fosse repleto de amor.

Devo melhorar-me, a fim de ser mais útil em casa, agora que a provação lhes pediu quatro filhas de uma só vez. Aqui, procuro incluir a querida prima, que com Jussara e Ana Paula se transferiram comigo de residência.

A princípio, querida Mãezinha, a dor foi enorme. Ouvira muitas falas e anotações sobre o Mundo Espiritual.

Entretanto, logo depois dos vinte anos na Terra, a gente quer uma casa e um jardim feito de amor, que seja apenas nosso. Perdoem se digo isso. Quero apenas ser verdadeira.

Sabia que estávamos em nosso lar como sendo a melhor mansão do mundo, mas a gente não consegue mudar o coração, quando o coração quer voar para fora do peito. Por isso é que não me foi fácil a retirada espiritual dos sonhos que eram assim tão meus.

Creiam, no entanto, que a dor mesmo, a dor dos acidentes terrestres, como a imaginamos, não sentimos.

Um choque como se uma dinamite rebentasse sobre nós, e, depois do choque, com o anseio inútil de me levantar, um torpor que não sei descrever.

Depois de algum tempo, que igualmente não sei calcular, chegaram pessoas.

Meu avô Izaltino e meu avô Militão se mostraram para mim, dando-se a conhecer.

Um senhor de nome Histórico estava com eles e nos amparava.

Outra senhora de nome Ernestina, creio que Milagres, Ernestina Milagres, acalmava-me.

Deram-nos passes e oraram.

Acordada, notei que as irmãs dormiam ainda.

Fomos removidas e tratadas, e estamos por enquanto no Hospital-Escola, em que aprendemos reajuste e serenidade.

A gente, aí no mundo, toma aulas de matemáti-

ca, de línguas, disso e daquilo... Pois aqui somos matriculados em paciência, esperança, fé em Deus e fé em nós mesmos, tantas matérias com as quais no corpo da Terra nem mesmo sonhamos.

Estamos bem.

Não chorem mais. Papai, tudo vai ser feito pelo melhor. Agora, depois de alguns meses aqui, já consegui alguns ensinamentos e experiências sobre passado e reencarnação.

Não me peça agora qualquer apontamento mais amplo do assunto.

Posso, no entanto, dizer que, em tempos outros, algumas vezes, pessoas cultas e nobres provocaram desabamentos, com plena ciência de que agiam contra as leis estabelecidas pela Justiça Divina.

Deixo apenas este pontinho aqui para que a Mãezinha se conforte.

Agora, estudo e estudo sempre.

Aquela filha professora, que ficava tão feliz com elogios em casa, é hoje uma aluna que se renova.

Mamãe, continue procurando o caminho da luz. A senhora já o encontrou no amor ao próximo a que está sendo convidada pelos nossos irmãos em Juiz de Fora. Sei que as suas mãos queridas nasceram para o bem, mas, presentemente, é necessário que nós nos en-

contremos no amparo às filhas e filhos, e irmãos nossos, em lutas maiores do que as nossas.

Agradeço as suas palavras e as orações em nosso favor, como também agradeço ao papai as explicações e preces conosco, auxiliando-nos a entender.

Mãezinha, o nosso maior receio, a princípio, foi o de que a senhora viesse para cá por conta própria. Vimos o seu desejo de tudo deixar aí para acompanhar-nos. Reconheço que a formação cristã que a senhora recebeu não lhe permitia pensar em suicídio, mas aquele anseio de reencontro era perigoso.

Hoje, ficaremos mais tranquilas.

É preciso lutar, Mamãe, suportar as nossas provas e abençoar todas elas.

É preciso aceitar a vontade do Senhor, que é bondade constante para conosco.

Tudo recebemos do Céu, como sendo o melhor que nos sucede.

A inconformação é que taxa com sofrimento maior as ocorrências difíceis do mundo.

Um dia, nós nos reencontraremos de novo, mas pode acreditar que espiritualmente não nos separaremos.

Papai necessita de sua presença, de seu amparo, de seu amor.

Agradeço a Deus a oportunidade que recebi.

Muitas afeições estão conosco, incluindo minha avó, que tem sido para mim um anjo bom. Querido papai e querida Mãezinha, agora devo traçar o fim desta carta.

Jussara e Ana Paula não sabem que vim. Ainda não podem facear a tarefa de que me encarrego hoje.

Com as bênçãos dos nossos, aqui termino.

Querido papai e querida Mãezinha, recebam todo o coração da filha sempre reconhecida que, mais uma vez, pede a Jesus por nossa felicidade,

Tereza Cristina

6

Não há de fatal, senão o instante da morte

Servindo-nos de dados fornecidos pela revista *O Médium*[1] e por um folheto organizado pelo Sr. Detzi de Oliveira, residente à Avenida Rio Branco, 3681, apartamento 301 – Juiz de Fora, Estado de Minas Gerais, pai de Tereza Cristina, passemos à análise da mensagem que fez se esgotassem todos os exemplares do mês de março de 1976 da citada revista (a de nº 428).

"Aos trinta minutos do dia 18 de janeiro de 1974 – informa o senhor Detzi de Oliveira -, um andar do prédio em construção pertencente ao Hospital Oncológico, caiu sobre a casa nº 78 da Rua Santos Dumont, em Juiz de Fora. Em consequência do desabamento, quatro meninas desen-

[1] *O Médium – Revista Espírita Mensal,* Ano 43, nº 428, Março/76, Juiz de Fora, Minas Gerais. Veja-se, ainda, o depoimento do Sr. Detzi de Oliveira na obra *Luz Bendita* (Francisco Cândido Xavier/Emmanuel/Rubens Silvio Germinhasi), IDEAL, São Paulo, 1ª edição, novembro 1977, pp. 19-24

carnaram: Ana Paula (9 anos), Jussara Maria (20 anos) e Tereza Cristina (22 anos), filhas do casal Detzi de Oliveira e Luzia Moreira de Oliveira, e ainda Márcia Dias Mattos (13 anos), sobrinha do mencionado casal, e que, residindo no Rio de Janeiro, aqui passava suas férias escolares.

O fato que abalou toda a população de Juiz de Fora, dado à sua trágica extensão, volta novamente a ser comentado, em decorrência das mensagens recebidas do mundo espiritual. Tereza Cristina – a filha mais velha – manda para seus pais, na cidade de Uberaba. Tais comunicações se deram através da psicografia de Francisco Cândido Xavier, que pessoalmente desconhecia quaisquer dados sobre o acidente.

Na oportunidade, através de uma prece fervorosa, agradecemos as bênçãos recebidas de Deus, bem como ao Mestre Jesus, que nos têm amparado e nos têm dado forças suficientes para caminharmos cumprindo nossas missões.

Ao nosso irmão Francisco Cândido Xavier, que possibilitou-nos, através de sua mediunidade, recebermos as mensagens que abaixo damos conhecimento a todos que constantemente nos pedem, a nossa ternura e o nosso carinho, acompanhados de nossas orações, pedindo ao Criador que o conserve na face da Terra por muitos anos, a fim de que ele possa continuar a sua grandiosa missão, difundindo para nós os ensinamentos de Cristo."

Depois de demonstrar sua imensa alegria através da seguinte quadrinha:

A mensagem de Tereza
— Bálsamo consolador —,
É a essência da pureza
E a luz do Criador.

—, o Sr. Detzi de Oliveira nos comunica encontrarem-se os originais da mensagem recebida, a 9 de fevereiro de 1976, em Uberaba, à disposição dos interessados para observação pessoal, em seu poder.

Passemos, sem mais delongas, aos itens principais da página mediúnica sob nosso enfoque:

1. "Meu avô Izaltino": trata-se do Sr. Izaltino Dias Moreira, que residiu em Juiz de Fora, onde era funcionário do Ministério da Agricultura, e desencarnou em 18 de agosto de 1957.

2. "Evitemos, querida Mamãe, a tristeza destrutiva, essa que fica em nós parecendo moléstia escondida." (...) "Agora, depois de alguns meses aqui, já consegui alguns ensinamentos e experiências sobre passado e reencarnação.

Não me peça agora qualquer apontamento mais amplo do assunto. Posso, no entanto, dizer que, em tempos outros, algumas vezes, pessoas cultas e nobres provocaram desabamentos, com plena ciência de que agiam contra as leis estabelecidas pela Justiça Divina." Recomendando a consulta às questões 526 e 532 – "Influência dos Espíritos sobre os Acontecimentos da Vida" – e as de nº 851 a 866, sobre a "Fatalidade", não nos furtamos ao prazer de citar um ou outro trecho de *O Livro dos Espíritos*[2]. Iniciemos com a pergunta 851: "Há uma fatalidade nos acontecimentos da vida, segundo o sentido ligado a essa palavra, quer dizer, todos os acontecimentos são predeterminados? Nesse caso, em que se torna o livre-arbítrio?

– A fatalidade não existe senão pela escolha que fez o Espírito, em se encarnando, de suportar tal ou tal prova. Escolhendo, ele se faz uma espécie de destino, que é a consequência mesma da posição em que ele se encontra. Eu falo das provas físicas, porque, para o que é prova moral e tentações, o Espírito, conservando seu livre-arbítrio sobre o bem e o mal, é sempre senhor de ceder ou de resistir. Um bom Espírito, vendo-o fraquejar, pode vir em sua ajuda, mas não pode influir sobre ele de maneira a dominar sua vontade. Um Espírito mau, quer dizer, inferior, mostrando-lhe, exagerando-lhe um perigo físico, pode abalá-lo e assustá-lo; mas a vontade do Espírito encarnado não fica menos livre de todos os entraves."

(...) 853 – " Certas pessoas não escapam de um perigo mortal senão para cair num outro; parece que elas não poderiam escapar à morte. Não há nisso fatalidade?

– Não há de fatal, no verdadeiro sentido da palavra, senão o instante da morte. Quando esse momento chega, seja por um meio ou por outro, vós não podeis dele vos livrar.

---

[2] Allan Kardec, *O Livro dos Espíritos,* IDE Editora, Araras, SP.'

Assim, qualquer que seja o perigo que nos ameace, nós não morremos se a hora não é chegada?

— *Não, tu não perecerás, e disso tens milhares de exemplos. Mas, quando é chegada a tua hora de partir, nada pode subtrair-te dela. Deus sabe, antecipadamente, de qual gênero de morte tu partirás daqui e, frequentemente, teu Espírito o sabe também, porque isso lhe é revelado quando ele faz a escolha de tal ou tal existência.*

854 — Da infalibilidade da hora da morte, segue-se que as precauções que se toma para a evitar são inúteis?

— *Não, porque as precauções que tomais vos são sugeridas para evitar a morte que vos ameaça; elas são um dos meios para que a morte não ocorra.*"

Interessante é que o fato que motivou as lúcidas perguntas do Codificador, há pouco citadas, encontra-se na *Revista Espírita* — 1858, à página 75 da edição francesa, segundo J. – P. – L. Crouzet, no seu célebre *Répertoire Du Spiritisme*[3]:

"Um dos nossos correspondentes escreveu-me o que segue:

'Em setembro último, um barco ligeiro, fazendo a travessia de Dunkerque a Ostende, foi surpreendido por um temporal durante a noite; o veleiro virou e pereceram quatro dos oito homens que compunham a tripulação; os outros quatro, em cujo número eu me achava, consegui-

[3] J.–P.–L. Crouzet, *Répertoire du Spiritisme*, 2ª edição (1ª no Brasil). Apresentação de Francisco Thiesen — Presidente da *Federação Espírita Brasileira*, Prefácio à Edição Brasileira, por Hermínio C. Miranda, FEB, Rio, 1976, p. 125.

ram manter-se sobre a quilha. Ficamos a noite inteira nessa horrível situação, sem outra perspectiva senão a morte, que se nos afigurava inevitável e cujas angústias todos experimentávamos. Ao romper do dia, o vento nos empurrou para a costa e pudemos ganhar a terra a nado.

'Por que, nesse perigo, igual para todos, apenas quatro sucumbiram? Note que, a meu respeito, é a sexta ou sétima vez que escapo a um perigo tão iminente e mais ou menos nas mesmas condições. Sou realmente levado a pensar que mão invisível me protege. Que fiz eu para isso? Não sei muito; sou uma criatura sem importância e sem utilidade neste mundo e não me gabo de valer mais nada que os outros; longe disto: entre as vítimas do acidente havia um digno eclesiástico, modelo de virtude evangélica, e uma venerável irmã de São Vicente de Paulo, que ia cumprir uma santa missão de caridade cristã. Parece que a fatalidade representa um grande papel em meu destino. Não estariam aí os Espíritos para alguma coisa? Seria possível conseguir deles uma explicação a respeito, perguntando-lhes, por exemplo, se são eles que provocam ou contornam os perigos que nos ameaçam?...

Conforme o desejo de nosso correspondente, dirigimos as seguintes perguntas ao Espírito de São Luís, que se comunica de boa vontade, sempre que há uma instrução útil a ministrar." [4]

---

[4] Allan Kardec, *Revista Espírita – Primeiro ano – 1858,* Trad. de Júlio Abreu Filho, EDICEL, São Paulo, 1964, pp. 75-76. ("A fatalidade os Pressentimentos – Instruções dadas por São Luís.)

3. "Meu avô Militão": José Militão de Oliveira – foi responsável pelo Setor de Contabilidade da Prefeitura Municipal de Juiz de Fora. Desencarnou a 6 de dezembro de 1972.

4. "Um senhor de nome Histórico": Histórico Venâncio de Almeida – era membro integrante das diretorias da Casa Espírita e da Fundação João de Freitas. Desencarnou em Juiz de Fora.

5. "Outra senhora de nome Ernestina, creio que Milagres, Ernestina Milagres": Ernestina Milagres – durante muitos anos, residiu em Juiz de Fora, tendo ativamente trabalhado em diversos centros espíritas, notadamente no Centro Espírita Venâncio Café, Centro Espírita União, Humildade e Caridade e Grupo Espírita Amor aos Desencarnados. Médium, através de quem se comunicava regularmente o padre Venâncio Café[5], desencarnou com avançada idade, sempre trabalhando com entusiasmo e equilíbrio pela Doutrina Espírita.

6. *Ana Paula, Jussara Maria e Tereza Cristina*: as filhas do casal, que haviam nascido, respectivamente: em 24 de julho de 1964, 24 de dezembro de 1954 e 6 de janeiro de 1952.

Voltando os pais de Tereza Cristina – Sr. Detzi de Oliveira e Sra. Luzia Moreira de Oliveira – a Uberaba,

---

[5] Padre *Venâncio* Riveiro de Aguiar *Café*, virtuoso sacerdote de Juiz de Fora, desencarnado a 8 de janeiro de 1898.

no dia 17 de julho de 1976, em visita ao médium Xavier, tiveram a grata alegria de receber nova mensagem da filha, agora "uma cartinha-bilhete", precedida pelo seguinte apontamento, através da mesma instrumentalidade mediúnica, de autoria de um Benfeitor da Vida Maior:

"Nossa irmã Tereza Cristina está presente e afirma estar cooperando em favor da paz dos seus familiares queridos.

Confiemos no amparo de Jesus, hoje e sempre."

Em seguida, veio a mensagem a que tomamos a liberdade de intitular –:

CARTINHA – BILHETE DO CORAÇÃO

Querida Mamãe, querido papai, Deus nos abençoe.

Uma cartinha-bilhete para reafirmar o nosso carinho.

Ainda não posso escrever-lhes carta mais longa, além daquela que lhes trouxe.

Jussara Maria, Ana Paula e Márcia estão melhorando.

Todas as nuvens da memória traumatizada estão desaparecendo.

Agradeço a companhia de Flávia.

Vim com vocês na viagem, e rogo a Deus nos proteja a todos.

Estou muito feliz, querida Mamãe, por vê-la mais tranquila e trabalhando na seara do Bem.

Com papai e todos os nossos, peço receber, querida Mãezinha, muitos beijos de sua filha reconhecida,

Tereza Cristina

7. *Márcia*: a autora espiritual se refere à Márcia Moreira Quaresma, que era sobrinha do casal Detzi-Luzia de Oliveira e residia no Rio de Janeiro. Estava passando suas férias escolares em Juiz de Fora, de onde, com Jussara e Ana Paula, através do fenômeno da Morte, transferiu-se de residência.

8. *Flávia*: Flávia Lopes Halfeld – trata-se da filha do ilustre redator da revista *O Médium*, que teve oportunidade de acompanhar os pais do Espírito comunicante, na viagem que fizeram a Uberaba, no dia 17 de junho de 1976. Fato digno de nota é que a Sra. Yolanda Lopes Halfeld, secretária da citada revista, sentiu a presença de Tereza Cristina, com efeito, "exatamente no instante em que o carro deixava a cidade de Juiz de Fora".

Conclusão: Muitas ilações poderíamos extrair de ambas as comunicações de Tereza Cristina, mas, respeitando a paciência do leitor, julgamos de bom alvitre concluir com os itens 13 e 14 do Capítulo I da Segunda Parte – Exemplos – O Passatempo – de *O Céu e o Inferno*, de Allan Kardec[6], transcrevendo-os, na íntegra:

"13. – O estado do Espírito por ocasião da morte pode ser assim resumido: Tanto maior é o sofrimento quanto mais leve for o desprendimento do perispírito; a presteza deste desprendimento está na razão direta do adiantamento moral do Espírito; para o Espírito desmaterializado, de consciência pura, a morte é qual um sono breve, isento de agonia, e cujo despertar é suavíssimo.

14 – Para que cada qual trabalhe na sua purificação, reprima as más tendências e domine as paixões, preciso se faz que abdique das vantagens imediatas em prol do futuro, visto como, para identificar-se com a vida espiritual, encaminhando para ela todas as aspirações e preferindo-a à vida terrena, não basta crer, mas compreender. Devemos considerar essa vida debaixo de um ponto de vista que satisfaça, ao mesmo tempo, à razão, à lógica, ao bom senso e ao conceito em que temos a grandeza, a bondade e a justiça de Deus. Considerado deste ponto de vista, o Espiritismo, pela fé inabalável que proporciona, é, de quantas doutrinas filosóficas que conhecemos, a que exerce mais poderosa influência.

O espírita sério não se limita a crer, porque compreende, e compreende porque raciocina; a vida futura é uma realidade que se desenrola incessantemente aos seus olhos; uma realidade que ele toca e vê, por assim

---

[6] Allan Kardec, *O Céu e o Inferno ou A Justiça Divina segundo o Espiritismo*. Trad. de *Manuel* Justiniano *Quintão*, FEB, Rio de Janeiro, RJ.

dizer, a cada passo, e de modo que a dúvida não pode empolgá-lo, ou ter guarida em sua alma. A vida corporal, tão limitada, amesquinha-se diante da vida espiritual, da verdadeira vida.

Que lhe importam os incidentes da jornada se ele compreende a causa e utilidade das vicissitudes humanas, quando suportadas com resignação?

A alma eleva-se nas relações com o mundo invisível; os laços fluídicos que o ligam à matéria enfraquecem-se, operando-se por antecipação um desprendimento parcial que facilita a passagem para a outra vida. A perturbação consequente à transição pouco perdura, porque, uma vez franqueado o passo, para logo se reconhece, nada estranhando, antes compreendendo, a sua nova situação."

7

Tudo é vida e renovação da vida

Querida Mamãe, Meu querido pai. Abençoem-me.

Sinceramente, estou assim na posição de alguém que não sabe retomar-se com segurança.

Alguém que passou por acontecimento difícil de descrever, que perdeu as forças, que se arrojou a grande enfraquecimento, que ficou doente sem saber como, e volta à família para dar notícias. Tenho a cabeça parecendo engrenagem enferrujada; com muito custo vou movendo as peças. E preciso pensar, embora o vovô Acylino esteja aqui comigo, com a tia Raquel Bailão e outros protetores, quando a ideia de que me reajusto nos movimentos, mais por impulsão deles do que por minha própria capacidade e diz que minhas informações são necessárias. Creio que meus queridos pais estão desanimados... É o que deduzo do que ouço. Por isso, convalescente, qual me vejo, rogo à senhora, Mamãe, para que não deixe o seu coração devotado e carinhoso se arrebentar no sofrimento em que nos achamos, de instante para outro. Ajude-nos.

Não podemos, por enquanto, ficar sem o apoio de casa. E nossa casa agora mais me parece um lago de pranto e de aflição. Não posso pensar em nosso ambiente, sem receber um golpe no Espírito. Não estou reclamando. Não.

Que família conseguiria perder dois filhos de uma só vez e ficar imperturbável?

Compreendi, querido papai, no justo momento do carro arremessado sobre nós...

Creiam, o senhor e Mamãe, que nossas conversas sobre o assunto do espírito e as poucas leituras que pude desfrutar me valeram muito. Procurei a conformação enquanto adivinhava o rigor da provação que nos separava. Enquanto tinha a impressão de que o mundo desabava sobre nós, fiz força para tentar algum auxílio ao Fausto, e à Walquíria e à companheira, mas era tudo uma espécie de tempestade concentrada em recinto estreito, como que a quebrar-nos as energias.

Procurei, por dentro de mim, onde estavam as

orações de minha mãe, e as achei todas. Eram luzes na memória, semelhando pequenas chamas que, de repente, acendessem para que eu não estivesse no escuro. Repeti, no íntimo, todas as preces de que me lembrava, ou colocava as palavras minhas nas estruturas que o amor de Mamãe e seu carinho de pai me puseram no coração. O sono veio rápido, um sono de injeção maciça, quando a pessoa se vê obrigada a entregar-se sem qualquer resistência. Depois, nada mais vi senão que despertava com meu avô Acylino e com um amigo que me lembra parte de seu nome Luiz Pereira. Tia Raquel Bailão me disse que Fausto e eu fôramos transportados para uma Escola-Hospital ligada à Mossâmedes, informando que estávamos sob a proteção de Santa Damiana da Cunha.

Daí para cá, sei que fui levado à nossa casa algumas vezes, mas fico muito perturbado com as lágrimas de meus pais queridos, que não sei consolar. Ainda estou fraco, fraco mesmo. Fausto ainda não tem forças para se retomar. E de Walquíria mais nada sei. Quis saber alguma coisa do pobre doente que se fez instrumento de nossa prova, e meu avô Acylino me disse que, se eu quisesse falar ao senhor e à mamãe, deveria primeiro orar pelo causador do problema e desculpá-lo com todo o coração. Quero dizer-lhes que fiz isso com sinceridade e peço a Jesus que o proteja onde estiver, porque também não sei como ficou o pobre enfermo, que nos merece paz e compreensão.

Papai, olhe Mamãe e não deixe que ela venha a baquear. Lembremos o Celso Júnior, o Luciano, a Cybele e tantos entes queridos.

Aqui nós nos viramos com muitas saudades, mas procuraremos nos virar, desde que os pais queridos nos auxiliem.

A vida não termina quando o corpo cai estragado, ou inútil. Penso que nós somos parecidos com as lagartas e as borboletas. As lagartas, ao que me parece, arrastam-se no solo e nem sonham que um dia terão asas.

Chega um momento em que se acomodam no casulo, dando a impressão de refúgio fechado e, em momento determinado, saem para o ar de modo tão diferente, que devem ganhar o espaço com grande assombro. Pois, comigo, o assunto é isso aí: "Asas não tenho, mas, que a gente sai do corpo com outros recursos, não posso negar"... Creio que os problemas são muitos, mas o maior de todos é pedir-lhes para viver, para que não queiram vir para cá de maneira violenta. Mamãe, viva e ajude o papai, os nossos, a viver. Agradeço à D. Trindade o que está fazendo por nós.

Se puder vê-los fortes, estarei fortalecido. Não

consigo escrever mais. As lembranças parecem fora de mim, esperando minha memória sarar para repassarem aos lugares que ocupam em minha cabeça.

Não sei explicar, de outro modo, o que sinto. Vovô Acylino me afirma que o senhor, papai, compreenderá com Mamãe tudo que não posso escrever. Fausto não sabe que estou aqui, mas enviarei a ele as vibrações de reconforto que estou sentindo pelo fato de conseguir escrever.

Mamãe querida e querido papai, a morte não existe, tudo é vida e renovação da vida. Pretendo aprender muito. Por agora posso apenas trazer-lhes o coração.

Recebam os dois — os nossos maiores amores da Terra — Papai e Mamãe — um beijo nas mãos, como todo amor e com a gratidão do filho, sempre o filho reconhecido,

Acylino

8

Vibrações de reconforto

Da secção "Chico Xavier", do *Jornal Espírita*, de novembro de 1976, extraímos os dados principais sobre "Tudo é Vida e Renovação da Vida", servindo-nos da reportagem "Mensagem de Acylino Luiz Pereira Neto a seus queridos pais", de Décio Estrêlla[1].

Depois de afirmar que o advogado Dr. Celso Luiz Pereira, residente em Anicuns, Estado de Goiás, à Rua Benjamim Constant, nº 4, enviou-lhe a comovedora mensagem que Acylino transmitiu a seus pais, por intermédio de Francisco Cândido Xavier, na noite de 13 de março de 1976, informando que Acylino e seu irmão Fausto desencarnaram a 6-2-76, às 9h45, acrescenta o ilustre jornalista da folha espírita paulistana:

"Observe, pois, que o Espírito de Acylino, gozando dos préstimos que a evolução lhe favorecera, pôde comu-

[1] *Jornal Espírita,* São Paulo, Novembro de 1976, Ano II, nº 17, p. 5.

nicar-se após trinta e cinco dias de ter ocorrido a perda do corpo físico num pavoroso desastre, que lhe arrebatou o Espírito para a Pátria Espiritual, em companhia de seu irmão Fausto, enquanto que as duas coleguinhas Walquíria e Miriam, que se achavam também no fusca 1.300-L, não faleceram.

Uma delas fraturou a coluna, enquanto a outra fraturou os braços, clavículas e trincou a bacia, achando-se recuperada."

O acidente

Acompanhando a carta que o Dr. Celso nos mandou em 3 de abril de 1976, transcrevemos alguns trechos para que o leitor sinta a sinceridade, o carinho e o amor de verdadeiros pais e amigos de Espíritos que reencarnaram nos lares terrenos e que chegam na condição de filhos, por breve espaço de tempo.

"Acuso o recebimento de sua correspondência e confesso que não foi pequena a emoção que senti ao receber uma carta tão bonita e consoladora como a sua. Tudo isto é mais uma ajuda para que a gente tenha forças para suportar tão grande provação a que fomos submetidos de uma hora para outra."

"A dor, a saudade que sentimos pelo desenlace de nossos queridos Acylino e Fausto, creia-me, meu irmão, é dose fortíssima. Há momentos que a gente baqueia, chegando mesmo quase à loucura. Moramos no interior de

Goiás, a 74 Km da Capital, a oeste. Minha esposa é filha daqui, e eu sou de uma cidade histórica aqui vizinha – Mossâmedes, berço de meus antepassados. A minha família era constituída de 5 filhos, 4 homens legítimos e uma filha adotiva."

Interessante é o que nos conta o Dr. Celso – prossegue Décio Estrêla – do carinho que Acylino tinha para com a filhinha adotiva: "No dia do aniversário de nosso casamento, eu transportava uma senhora de minha fazenda para a cidade, quando, com apenas dez minutos de viagem, esta veio a falecer, deixando-nos aquela pequena criança recém-nascida. O meu filho mais velho – Acylino – ficou inteiramente compadecido diante daquele quadro triste, e me pediu permissão para que criássemos aquela criancinha pobre, o que concordamos plenamente. Havíamos reconhecido que aquela coincidência era mesmo[2] um capricho do destino.

"Não existia família mais feliz do que a nossa: cinco filhos, todos bonitos, fortes e inteligentes. Tudo parecia correr às mil maravilhas: o mais velho estudava em Goiânia, onde gozava do maior prestígio junto ao colégio e aos colegas. Era um predestinado desde criança. Era admiradíssimo pela inteligência e humildade. Conquistou o primeiro lugar em todas as escolas onde passou. O segundo tinha inteligência acentuadíssima. Fez o colégio com mínima idade, pois a sua precocidade era fora do comum. Tornou-se homem antes da hora e tinha apenas

[2] Aparente coincidência, bem entendido. – *Nota do A. deste capítulo*

14 anos. Media 1,83m e pesava 70 quilos. Era um grande motorista e me ajudava muitíssimo em minhas lidas de fazenda. Eram dois filhos que para nós representavam tudo; eram o nosso orgulho, a nossa vaidade, gozavam junto à mocidade do maior prestígio possível; as moças disputavam por causa deles. Mas, no dia 6 de fevereiro, às 9h45, eles regressavam de uma reunião estudantil, conduzindo duas moças da sociedade local, e já adentrando a cidade, eis que..." (Aqui, o missivista se refere ao responsável pelo acidente, que anteriormente já havia tentado suicídio por duas vezes, e , segundo afirmara ao funcionário do posto de gasolina, onde colocara apenas dez cruzeiros de combustível, naquele dia, morreria de qualquer jeito, e não sozinho, dando mostras de absoluta alienação mental, vítima de grave processo obsessivo).

"Por falta de sorte ou predestinação, os meus filhos vinham tranquilos em um Fusca 1.300-L, que eu havia dado para eles, há poucos dias.

Quando o infeliz viu o carro dos meninos, já havia saído do posto em grande velocidade, arremessou o veículo, um Fusca 1972, contra o dos meus filhos. A pancada foi enorme. O meu Acylino desencarnou na hora, o infeliz também se espatifou. O meu filho Fausto ficou em estado de coma, tendo resistido por mais de 48 horas. As duas companheiras, uma fraturou a coluna e está sujeita à paralisia irreversível, segundo diagnóstico médico, e a outra fraturou os braços, a clavícula e trincou a bacia, tendo grande dificuldade em andar. A cidade ficou abaladíssima, toda a comunidade tem chorado conosco, temos recebido pêsames de quase todo o País, pois graças a Deus somos bem relacionados e contamos com grande número de amigos e parentes."

"Do dia do trágico acontecimento para cá, a nossa vida tornou-se amargurada, as lágrimas são constantes, o mundo sem sentido, a desilusão enorme, a dor e a saudade, nossas companheiras inseparáveis."

Nas explicações finais, Décio Estrêlla afirma que o Dr. Celso Luiz Pereira, desesperado, procurou o Grupo Espírita da Prece, no dia 13 de março de 1976, e que estava convicto de que iriam ter alguma notícia do Plano Espiritual, e quando lá chegou, o médium Xavier lhe descreveu várias entidades espirituais, informando que era cedo demais para receber qualquer mensagem de seus filhos. Contudo, quase uma hora da manhã, para surpresa de todos, eis que surge a página esperada, trazendo, dentre outros, um pormenor importante: a referência a Mossâmedes, onde nasceu Damiana, a Mulher Missionária, e o pai do comunicante.

Linhas antes, associando-se, de coração, a todos os pais e demais familiares que têm passado por duras provas, ressalta o ilustre jornalista o importante papel dos fiéis missionários da Mediunidade com Jesus:

"Felizmente, graças à Lei do Amor de Nosso Divino Pai e Criador, temos contado com humildes servidores do

Bem como divinos canais ou antenas abençoadas, que se traduzem em archotes ou luzeiros nas noites gélidas das nossas desilusões, que vêm cantar, aos ouvidos de nossas almas feridas, a suave melodia do amor do Além-Túmulo, serenando-nos os ânimos através da fenomenologia mediúnica psicográfica, provando-nos, pelos fatos descritos, que a vida continua, que o canal receptor nada sabe do que ocorreu na véspera." E arremata:

"Ao partir os grilhões carnais de um ente amado, é preciso que cada um de nós esteja sempre preparado, a fim de que as dores inconsoláveis dos que sobrevivem não reflitam, penosamente, nos que partiram. Esta compreensão já é uma grande ajuda para os que se encontram do lado de lá, aguardando a serenidade de ânimo, coragem e compreensão de que Deus realmente é amor. Sim, o pranto discreto, as lágrimas silenciosas, sem revolta, a deslizarem por rútilas pérolas, no rosto combalido, representam ondas vibratórias de carinho e de reconhecimento dos que ficaram."

Ser-nos-á possível acrescentar algo, à guisa de conclusão? Cremos que sim, mas de modo bastante sumário:

a) Deixando claro que não está reclamando, e compreendendo a dificuldade da família, que veio a perder dois filhos de uma vez, o Espírito convalescente implora aos pais que combatam o desânimo e a revota, a fim de que, ao pensar no antigo ninho doméstico, transformado num "lago de pranto e aflição", não venha a "receber um golpe no Espírito".

b) Necessidade do Culto Evangélico no Lar, com vistas à indispensável preparação para a Vida Maior, já "que nossas conversas sobre o assunto do Espírito e as poucas leituras que pude desfrutar me valeram muito".

c) Que os pais, através da conformação e do trabalho devotado aos semelhantes, virando-se com muitas saudades, auxiliem os filhos desencarnados a se virarem, também, onde estejam com saudades muitas.

d) O desenvolvimento do estudo da comparação de "que nós somos parecidos com as lagartas e as borboletas" encontra-se no Cap. XI – "Existência da alma", da obra *Evolução em Dois Mundos*, primeira parte, ditada pelo Espírito de André Luiz[3].

e) Que precisamos orar pelos causadores de semelhantes problemas e desculpá-los de todo o coração, a fim de que possamos conseguir estabelecer a ligação com as forças mais altas da Vida.

f) Que o fato de conseguir escrever faculta ao Espírito a possibilidade de enviar vibrações de reconforto ao irmão internado, temporariamente, na Escola-Hospital da Espiritualidade Superior, local de refazimento este, por sua vez, ligado a uma cidade terrena, onde nasceram e desencarnaram antepassados seus, possivelmente, alguns deles, ele mesmo, Acylino, e o próprio irmão.

---

[3] Francisco Cândido Xavier e Waldo Vieira, *Evolução em Dois Mundos,* ditado pelo Espírito André Luiz, FEB, Rio de Janeiro-RJ.

g) Que devemos divulgar a Doutrina Espírita, buscando com isso consolar as criaturas que perderam entes queridos em situações de violência, preparando-nos todos ao mesmo tempo, enquanto reencarnados, para a travessia de um plano a outro, a que inapelavelmente não podemos fugir, viajantes do efêmero que somos por este mundo, por agora, de expiações e provas.

Nota: Depois de concluído o presente capítulo, resolvemos nos deslocar até Anicuns, Estado de Goiás, com vistas a não somente obter as fotos das quais necessitávamos, quanto para colher mais alguns dados que reputamos importantes para os nossos estudos.

Assim o fizemos, na manhã de 5 de fevereiro de 1978, não obstante tenhamos entrevistado pessoalmente, tão só a Sra. mãe de Acylino – D. Maria do Rosário Bailão Luiz Pereira, uma vez que o Dr. Celso Luiz Pereira encontrava-se ausente, por motivo de viagem.

Do rápido *"tête-à-tête"* com D. Maria do Rosário, julgamos pertinente apenas acrescentar o seguinte:

1. *Acylino Luiz Pereira Neto*: nasceu em Goiânia, a 17 de novembro de 1959, e desencarnou em Anicuns (GO), a 6 de fevereiro de 1976.

2. *Tia Raquel Bailão*: prima desencarnada do avô materno, Sr. Augusto da Silva Bailão.

3. *Fausto*: trata-se do irmão Fausto Bailão Luiz Pereira, que nasceu em Goiânia, a 30 de agosto de 1961 e desencarnou em Anicuns (GO), a 8 de fevereiro de 1976. Comunicou-se através do médium Xavier, ao final da reunião pública no Grupo Espírita da Prece, em Uberaba, Minas, a 15 de maio de 1976.

4. *Celso Júnior, Luciano, Cybelle e Walquíria*: irmãos de Acylino, respectivamente, os três primeiros com 15, 12 e 9 anos de idade.

5. *Dona Trindade*: trata-se de D. Trindade Méscua, espírita convicta que levou os pais de Acylino a Uberaba, com a recomendação de D. Maria do Rosário para que não participasse absolutamente nada a ninguém, em Uberaba, sobre os motivos que os levaram a procurar o médium Chico Xavier.

6. *"Causador do problema":* a quem todos devemos endereçar os nossos melhores pensamentos de paz e vibrações de reconforto, em nome de Jesus: José Lobo, conhecido por José do Acari.

7. Acylino era espírita e frequentava espontaneamente o Centro Espírita a que estava ligado, todas as semanas, não descurando jamais da tarefa abençoada de assistência social espírita. Minutos antes da desencarnação, ele e Fausto participavam de uma reunião no Colégio onde estudavam, que visava à distribuição de dinheiro obtido para uma excursão, que não se realizou, para as diversas instituições de benemerência de sua cidade.

Segunda Parte

Família imensa de Corações

9

Santificada alegria

Meu filho, Deus te abençoe, enchendo-te de paz o coração, e que Jesus, ouvindo as minhas preces na sua infinita bondade e misericórdia, conceda, à minha boa Augusta e a todos os filhinhos do meu coração e do meu Espírito, as bênçãos do seu desvelado amor.

Sinto-me feliz, meu Labieno, e peço a Deus por ti.

Não posso lhes escrever muito hoje; faço-o apenas no propósito de levar-lhes a todos, mais uma vez, a certeza de minha sobrevivência, fortificando, na alma dos meus queridos, as convicções espíritas pelas quais vale a pena sacrificarmos todos os prazeres da Terra.

Graças à Misericórdia Divina, sinto-me cercado de elementos, aptos a me proporcionarem todas as possibilidades de progresso do meu Espírito, sequioso de evolução.

O nosso grande Eurípedes foi a luz dos meus derradeiros momentos aí na Terra e, como acontecia aí no mundo, é na profunda caridade do seu coração generoso e amigo que repouso o pensamento, e, saturado de preocupações com a família, que tanto necessitava de minha presença, por mais algum tempo, aí no Planeta. A sua amizade protetora enche-me o coração de uma santificada alegria, e é assim, meu filho, que tenho conseguido serenidade para reorganizar as minhas energias psíquicas.

Unam-se, meus filhos, e procurem levar avante as experiências muitas vezes difíceis da vida terrestre. Sejam unidos, representando o sustentáculo da nossa Augusta querida.

Não julguem que desencarnei prematuramente. De qualquer forma, meus queridos, eu teria de realizar, em janeiro, a grande partida. A minha ida ao Rio Grande não foi senão uma circunstância para que as provações se cumprissem: calma e coragem.

Conservem os nossos hábitos de fraternidade em família.

Se possível, continuem com os meus trabalhos de gabinete, e não se aflijam com o dia de amanhã.

Deus nos ajudará, meus filhos.

Tenho manifestado o meu pensamento, entre todos os nossos amigos daí.

Através do Xavier, eu envio a todos os queridos confrades e companheiros o meu abraço fraterno.

Que prossigam todos no mesmo propósito de servir a Jesus no ideal da caridade; seja ainda o coração e o exemplo de Eurípedes o símbolo para todos nós.

Que a Augusta não chore e tenha coragem. Confiemos na bondade de Jesus. A ela todo o meu coração saudoso, e minha amorosa bênção a todos os meninos.

Deus te abençoe, meu Labieno, e te conceda paz.

Teu pai e companheiro de luta,

Manoel Soares

10

Hábitos de fraternidade em família

Antes que entremos na análise da página de Manoel Soares, achamos de bom alvitre explicar ao leitor por que dividimos *Enxugando Lágrimas* em mais de uma parte, colocando, nesta parte segunda, um grupo de mensagens sob o título geral de "Família Imensa de Corações".

Fizemo-lo tão somente porque todas elas – as peças mediúnicas – guardam entre si um grau de parentesco muito intenso, não apenas em decorrência de praticamente todos os comunicantes terem pertencido, em vida física, a um só Estado da Federação – o de Goiás –, quanto, ainda, por muitos deles estarem ligados pelos liames da consanguinidade. De tal forma, há um entrosamento entre todos os capítulos aqui enfeixados num só bloco, na verdade compacto, que ao leitor parecerá, em alguns passos, estar seguindo a trajetória de personagens vivas, encarnadas e desencarnadas, numa demonstração insofismável do Amor a pairar sobre os aparentes escombros da Morte. Numa ou noutra passagem, ficaremos todos enternecidos com a delicadeza de sentimentos entremostrada pelos viajores e, até certo ponto, repórteres do Além. A pouco e pouco, vamos nos convencendo, com efeito, da transitoriedade da vida e da consequente necessidade do aproveitamento integral do tempo, enquanto jornadeamos no Plano Físico. E do quanto se faz preciso viver e sentir as lições de Allan Kardec, principalmente a da Caridade – moral e material – e a do perdão incondicional das ofensas.

A Mensagem de Manoel Soares

Natural de Delfinópolis, Estado de Minas Gerais, nasceu Manoel Soares a 21 de agosto de 1888, desencarnando a 19 de janeiro de 1937, em Sacramento, no mesmo Estado, em consequência de febre grave.

Formado em Odontologia, pela Faculdade de Ribeirão Preto, Estado de São Paulo, em 1928, até a sua desencarnação também trabalhou no setor da mediunidade receitista, dando prosseguimento à tarefa iniciada pelo Missionário do Triângulo Mineiro – Eurípedes Barsanulfo, na cidade de Sacramento, sem prejudicar a sua profissão.

Deixou a esposa – Sra. Augusta, agora já também desencarnada –, e os seguintes filhos: Labieno, Edwirges,

Demóstenes, Dirce, Diva, Manoel, Ayres, Augusta (sobre quem falaremos nos capítulos seguintes), Rolando, Camilo Flammarion e Gilka.

O destinatário da carta mediúnica, Labieno Soares, já desencarnado, em Uberaba, a 28 de dezembro de 1970, era formado em Farmácia, e grande entusiasta da obra de Guimarães Rosa, especialmente do *Grande Sertão: Veredas*, conforme depoimento dele mesmo, ao autor destes apontamentos, em 1958.

Sobre a mensagem, salientemos apenas o seguinte trecho:

1. "Não posso lhes escrever muito hoje; faço-o apenas no propósito de levar-lhes a todos, mais uma vez, a certeza de minha sobrevivência, fortificando, na alma dos meus queridos, as convicções espíritas pelas quais vale a pena sacrificarmos todos os prazeres da Terra."

Sem dúvida de que, pelos princípios kardequianos, vale a pena sacrificarmos quaisquer vantagens do Plano Terrestre.

Mas, justamente por causa da própria Doutrina Espírita, não precisamos renunciar aos valores humanos, já que somos artífices dos nossos próprios destinos e herdeiros de nós mesmos, em qualquer época e em qualquer latitude, sendo-nos lícito usar os benefícios do Mundo sem deles abusar, conduzindo-nos, de tal forma, que não venhamos a ferir o cristal de nossas consciências, atentos à lição de Jesus: Amai-vos uns aos outros como eu vos amei."

2. "O nosso grande Eurípedes foi a luz dos meus derradeiros momentos aí na Terra e, como acontecia aí no mundo, é na profunda caridade do seu coração generoso e amigo que repouso o pensamento, e, saturado de preocupações com a família, que tanto necessitava de minha presença, por mais algum tempo, aí no Planeta."

O autor espiritual se refere a Eurípedes Barsanulfo, nascido em Sacramento, a 1° de maio de 1880, e aí desencarnado a 1° de novembro de 1918, médium de largos recursos e autêntico Missionário de Jesus, reencarnado em pleno interior de Minas Gerais.

3. "Não julguem que desencarnei prematuramente.

De qualquer forma, meus queridos, eu teria de realizar, em janeiro, a grande partida."

Eis a realidade de que nos devemos todos conscientizar, ante a partida dos entes amados para o Mundo Espiritual: "Não julguem que desencarnei prematuramente."

4. "Conservem os nossos hábitos de fraternidade em família."

Segundo o Sr. Ayres Soares, um dos filhos do comunicante, por nós entrevistado, com efeito, em sua casa, do próprio genitor ressumava o clima de fraternidade, advindo da sua fé em Deus e de seu permanente regime de trabalho cristão.

5. "Através do Xavier, eu envio a todos os queridos confrades e companheiros o meu abraço fraterno."

Expressiva a alusão ao médium Xavier que, na ocasião do recebimento da mensagem, a 8 de agosto de 1937, em Pedro Leopoldo, Estado de Minas Gerais, completava dois lustros de atividades medianímicas ininterruptas.

11

Jesus não é um Mestre morto

Minha querida Nayá, minha querida Lélia, rogo a Deus nos abençoe.

A oração é assim como um passo de tranquilidade e refazimento no caminho. Esse caminho — o da vida na Terra — é por vezes queimado a fogo de provação e, de outras, enregelado de lágrimas. Oremos, sim. Aprendi também isso. A estrada é longa, alcança regiões difíceis — tão difíceis que outra alternativa não encontramos senão a de nos devotarmos à prece, recorrendo à Bondade Infinita de Deus.

Venho, Nayá, rogar a você muita coragem à frente da luta em que a Vontade Sábia do Senhor nos colocou. Acompanho sua abnegação por nossa Lelé e espero em Jesus que ela se refaça. Você e Lélia sabem. Foram anos e anos de condicionamento espiritual. Ela amou profundamente a missão es-

posada. Viveu-a. Agora, para desfazer-se de todas as responsabilidades assim, de momento para outro, seria preciso um arrojo sobre-humano, impossível na Terra. Ajudemos a filhinha com entendimento e serenidade. Ela não está desvalida à frente dos tutores espirituais que a protegem da vida mais alta. Há perseguição no mundo, mas existe amor no Céu, amor bastante para envolver até mesmo os que tentam conturbar as Obras da Bondade de Deus. Que ela avance para a frente, sem ressentimentos no coração. Jesus não é um mestre morto e a cruz abraçada por Ele ainda é, para nós todos, uma luz que jamais deve esmorecer.

A pouco e pouco, a nossa filhinha se readaptará, reconhecerá de mais perto os quadros do mundo, de conflitos e provas, tribulações e sofrimentos, que sempre foi tão nosso.

Lembre, Nayá, do carinho com que você amparou a mim mesmo, da paciência com que você renovou o coração gradativamente, e não estranhe os obstáculos do momento. Estamos unidos, e nossas filhas queridas, tanto quanto o Leônidas, estão conosco. Vejo nossa querida Lélia ainda extremamente abatida e rogo a ela não se render às ideias de solidão e desalento. Sei que ela faz o possível para não se entregar... Isso mesmo, filha querida. Lutar pelo bem e confiar em Deus, colocando-nos ao dispor dos Celestes Desígnios.

Nosso Alvicto vai bem, restaurando-se dia a dia. A princípio, o choque, o choque natural da desencarnação de improviso. Mas o tempo, com a misericórdia de Deus, está funcionando. Em muitas circunstâncias, já tem vindo ver você, minha filha, sustentado ainda, como é justo, pela dedicação dos amigos que o assistem. E regozija-se ao notar-lhe o valor e a conformidade. Viva, sim, e viva para auxiliá-lo cada vez mais.

Os filhos queridos estão na memória dele, tanto quanto você. Nosso Nogueira tinha na família o centro de seus interesses mais altos. Pensemos nisso e reconheceremos que a saudade é a felicidade em forma de esperança, no rumo da alegria outra vez.

Creia que você recebeu e está recebendo tratamento constante da parte de benfeitores diversos. Suas forças estão sendo refeitas. Às vezes, surpreendo-a indagando a si mesma, no silêncio da prece'. "Meu Deus, que fazer de minha vida agora?" Não se entristeça, porém, diante da luta. Continuemos. Agora, você fará por você e pelo esposo, que está em vida transformada, mas não ausente. Esperemos que ele e você, juntos, pelos abençoados laços da alma, venham a prosseguir realizando o máximo em favor dos que sofrem.

Querida Lélia, permaneçamos firmes na fé e perseveremos com o bem, para a vitória do bem. Tudo, filha, encadeia-se na vida, a fim de que a Bondade do Senhor nos dê aquilo de que mais carecemos.

Recorde o Alvicto com a bênção de sua resignação e de seu otimismo. Ele virá, de novo, guiar suas mãos e orientar os seus pensamentos no trabalho edificante em que os dois sempre estiveram juntos. Será a inspiração de seus passos, tanto quanto, para ele, será você o instrumento para o cultivo da felicidade nova, com o bem por base. Você sabe, filha, que a vida só é grande e bela, justa e rica, pela alegria que se possa criar em favor dos outros. Você é e será a estrela para a família que Deus lhe confiou, mas é e será sempre uma luz no caminho de quantos enfrentam penúria e perturbação.

Estaremos novamente unidos na beneficência e no ideal de servir, conscientes que somos de que a Seara do Bem é o ponto de nosso reencontro com o Cristo — o Eterno Benfeitor de nossas almas.

Nayá, minha querida Lélia, encerrarei esta carta, porque não posso ser mais extenso, entretanto, o coração está e estará com vocês. Peço a Deus por vocês e vocês orem por mim. Apesar do tempo em que me vi renovado, estou igualmente ainda em abençoada readaptação. Recebam, vocês duas, todo o coração e todo o carinho no abraço saudoso do companheiro e pai sempre reconhecido,

Antenor

12

Esposo em vida transformada, mas não ausente

De início, o Autor Espiritual se refere à oração, assunto a que Allan Kardec dedicou todo o capítulo XXVIII de *O Evangelho Segundo o Espiritismo*.

Em seguida, referindo-se à filha Lelé, com suas lutas (tanto o apelido de Adelaide Siqueira de Amorim quanto o fato de ter sido ela distinta religiosa franciscana durante 32 anos e de cujas atividades se despediu naturalmente contra a sua própria vocação, encontrando novo ânimo nas leituras espíritas, detalhes desconhecidos do médium), chega a afirmar, peremptório: "Que avance para a frente, sem ressentimentos no coração. Jesus não é um mestre morto e a cruz abraçada por Ele ainda é, para todos nós, uma luz que jamais deve esmorecer."

Antenor de Amorim nasceu na cidade de Pirenópolis, Estado de Goiás, a 17 de julho de 1875, e desencarnou no Rio de Janeiro, Estado do Rio de Janeiro, a 26 de março de 1848. Era casado com a Sra. Nayá S. Amorim, deixando os filhos Lélia[1], casada com Alvicto, desencarnado em desastre automobilístico; Leônidas, que reside, hoje, nos Estados Unidos da América do Norte, e Adelaide (Lelé).

Do princípio ao fim da mensagem, notamos a preocupação do Espírito em consolar a esposa, que se transformou em viúva, segundo a terminologia humana, mas que ele mesmo não a considera como tal, já que se refere ao genro desencarnado como sendo o "esposo que está em vida transformada, mas não ausente".

Preocupa-se, ademais, em consolar a filha, que se teria convertido em viúva não fora continuar Alvicto Nogueira vivo, no Mundo Espiritual, recuperando-se do "choque natural da desencarnação de improviso".

Ao mesmo tempo, dá forças à filha que, transferida da vida monástica à vida prática, entrega-se às tarefas da Doutrina Espírita; e não se esquece do filho que moureja no Exterior.

Antes de terminar a missiva referta de ensinamentos para todos nós, os reencarnados que lavramos o campo bendito do Espiritismo, Antenor assim se expressa, dirigindo-se à Dona Lélia: "Você sabe, filha, que a vida só é grande e bela, justa e rica, pela alegria que se possa criar em favor dos outros."

---

[1] Veja-se o depoimento de D. Lélia de Amorim Nogueira na obra *Amor & Luz* (Emmanuel/Testemunhos diversos/Francisco Cândido Xavier/Rubens Silvio Germinhasi), IDEAL, São Paulo, SP.

Segundo informações da família, o comunicante foi católico, mas simpatizante do Espiritismo. Acompanhava constantemente sua mulher, D. Nayá, espírita convicta, às sessões doutrinárias, onde era muito querido.

Conclusões:

1ª) necessidade da oração, a fim de que possamos trilhar com serenidade o caminho da vida na Terra, por vezes queimado a fogo de provação, e, de outras vezes, enregelado de lágrimas.

2ª) cabe-nos viver sem mágoas, quando perseguições e dificuldades surgirem no caminho, certos de que os tutores espirituais nos protegem da vida mais alta.

3ª) não nos rendermos às ideias de desalento, ante as provações necessárias e inadiáveis;

4ª) lembrarmo-nos de que tudo se encadeia na vida, a fim de que a Bondade do Senhor nos dê aquilo de que mais carecemos.

5ª) permanecermos unidos na beneficência e no ideal de servir, conscientes quais somos de que a Seara do Bem é o ponto de nosso reencontro com o Cristo – o Eterno Benfeitor de nossas almas.

13

Felicidade do reencontro

Querida Lélia, minha querida filha.

Deus abençoe o seu coração e o seu caminho, concedendo-nos a todos paz e fortaleza espiritual.

Estamos nos passos uns dos outros, minha filha, como não pode deixar de ser.

A morte é apenas mudança, não ausência. E, um dia, com o Amparo de Deus, ver-nos-emos reunidos todos, novamente, desfrutando a felicidade do reencontro.

Nosso Alvicto está mais forte e, com o auxílio do nosso lado, já consegue amparar você e inspirar os filhos queridos na solução dos problemas do dia a dia. Sem dúvida, que o refazimento lhe tem sido gradual e vagaroso, porque a vinda dele exigia aquele quadro de improviso que, realmente, foi — como acontece com toda provação a que sejamos levados —, a bênção de Deus.

Tudo, minha filha, tem a sua razão direta ou indireta, manifesta ou temporariamente invisível.

Nosso Nogueira trazia, no plano da nova existência, aquela despedida assim, repentina, a ecoar-lhe dolorosamente na sensibilidade de Esposa e Mãe. Entretanto, o que ocorre com ele, nos domínios da reconstituição gradativa, acontece igualmente a você, no campo de sua restauração, pouco a pouco. Sob o auxílio da Providência Divina e com o apoio do tempo, as suas forças vão sendo recuperadas. Tão somente agora, nos meses últimos, é que a vemos efetivamente melhorada, do ponto de vista da resistência moral.

Você realmente saiu do hospital, de modo rápido, depois do acidente, mas apenas com o amparo da oração e da meditação, do esforço persistente e da paciência laboriosamente exercitada, é que você está saindo do sofrimento moral mais intenso. O mesmo sucede com o nosso Nogueira, que, na estrutura daquele ânimo inquebrantável que lhe conhecemos, muito lutou a princípio para se acomodar com a realidade, de vez que não esperava se ver assim, tão violentamente arrancado ao seu convívio e ao convívio dos filhos queridos.

Mas, com a Bondade do Senhor — luz incessante sobre nós todos —, tudo o que era sombra já se desfez. Agora, é seguirmos adiante, fazendo quanto possível para que a harmonia se faça entre os nossos. Nesse sentido, tanto nosso Alvicto quanto nós mesmos contamos com o seu materno esforço, a fim de que a paz dos filhos queridos seja sustentada, acima das lutas que aparecerem.

Tenhamos calma e tolerância para realizar as renovações necessárias com a precisa firmeza.

Às vezes, na existência terrestre, chegam até nós criaturas do nosso próprio passado, à feição de credores, junto de quem devemos exercitar a compreensão e o devotamento, a harmonia e a bênção, todos os dias.

Assim, pois, entrelacemos os nossos corações no entendimento, para que o entendimento nos ilumine.

As pessoas se modificam para melhor quando nos observam realizando esforço idêntico. Desse modo, você, na condição de mãe, abençoe e ajude sempre, construindo a paz entre todos.

Você não está nem estará sozinha. Confiemos.

Diga, filha, à nossa Nayá, que as dificuldades têm sido grandes para refazer a tranquilidade em tudo e em todos, no entanto, os filhos são sempre os nossos tesouros do coração, e, com eles e por eles, prosseguiremos estimulados a trabalhar com paciência e alegria.

Cada filho ou filha é uma luz em nosso caminho e, graças a Deus, encontramos, Nayá e eu, em todos vocês, tanto quanto em nosso Leônidas, riquezas e bênçãos que nem de longe sabemos como agradecer a Jesus.

Peço a você, quando for possível, levar nossa Nayá para uns dias nas águas de Caldas Novas. Ela precisa de um repouso que se faça igualmente medicação. Sua mãe, Lélia, está muito cansada fisicamente, e precisamos auxiliá-la a tratar-se, porque, você sabe, ela sempre se dá a nós todos, sem pensar nela própria.

Querida filha, daria tudo para continuarmos conversando através do lápis, no entanto é preciso encerrar esta carta.

Estamos felizes ao vê-la edificando suas tarefas evangélicas mais amplas.

Creia, minha querida Lélia, que nunca perdemos a fé viva, e sim vamos transformando-a para mais vastos caminhos da alma. A crença é uma estrada que se vai alargando e embelezando, cada vez mais, à medida que damos lugar à compreensão mais alta nos domínios da própria alma. Por isso mesmo, a tarefa cristã, em suas queridas mãos, é agora o que foi antes, com a caridade por sol, a lhe clarear cada vez mais os pensamentos.

Na essência, é Jesus que buscamos sempre, e isso, minha filha, é o que importa.

Abrace Nayá por mim e, com muito carinho, a cada um dos nossos entes amados; rogo a você receber o abraço muito afetuoso do papai amigo, que tanto lhe deve a dedicação e que nunca a esquece,

Antenor

14

Paz e fortaleza espiritual

Dentro da tônica da mensagem anterior, de 1969, "Felicidade do Reencontro", recebida pelo médium Xavier, em 1970, o autor fornece-nos precioso material para análise e meditação.

Antenor volta a insistir junto à filha, Sra. Lélia de Amorim Nogueira, que "a morte é apenas mudança, não ausência".

Sobre o genro desencarnado, Alvicto Osoris Nogueira, confirma que sua transferência para o Além exigia "aquele quadro de improviso" – um desastre automobilístico –, constituindo-se, como acontece em toda provação a que sejamos levados, em bênção de Deus, conquanto a dor que soframos.

"Nosso Nogueira trazia, no plano da nova existência,

aquela despedida assim, repentina, a ecoar-lhe dolorosamente na sensibilidade de Esposa e Mãe."

No caso, D. Lélia, com maior teor de compromissos cármicos, depois de Alvicto, enfrentou dificuldades e empeços de toda ordem, desde o instante em que conseguiu emergir do desastre, com diversas fraturas, não ficando paralítica, segundo depoimento dela própria, graças à assistência espiritual que lhe não faltou em hora nenhuma, depois que iniciou, com espírito de paciência e aceitação, o seu processo de resgate.

Curioso notar que o sofrimento moral é o mesmo, tanto de quem fica quanto de quem parte.

Daí a necessidade do maior esforço no sentido de conformação, por parte de quem permanece no Plano Físico, no sentido de garantir a paz dos entes amados, ao mesmo tempo em que o desencarnado, já agora, na *verdadeira vida*, em paz consigo mesmo pelo ajuste de velha conta ante a Lei de Causa e Efeito, poderá ingressar em outro caminho, com vistas a auxiliar, mais tarde, aos que permanecem, temporariamente, na retaguarda.

Todos os elementos da equipe familiar compartilham da experiência.

Por isso mesmo, Antenor de Amorim, em poucas palavras, alerta-nos para este ponto importante:

"Às vezes, na existência terrestre, chegam até nós criaturas do nosso próprio passado, à feição de credores, junto de quem devemos exercitar a compreensão e o devotamento, a harmonia e a bênção, todos os dias."

E como nos conduzir, em semelhante conjuntura?

O próprio Espírito nos responde:

"As pessoas se modificam para melhor quando nos observam realizando esforço idêntico. Desse modo, você, na condição de mãe, abençoe e ajude sempre, construindo a paz em auxílio de todos."

A propósito, vale a pena citar ligeiro passo de um livro organizado por Walter G. Joffe[1]:

"Uma das coisas mais extraordinárias e talvez animadoras que a psicanálise descobriu foi que as pessoas nunca desistem de tentar acertar as coisas para si e para aqueles que amam. Mesmo quando possam parecer estar fazendo justamente o contrário, amiúde descobrimos que o que parece ser a conduta mais desesperada e inútil pode ser compreendida como uma tentativa de recuperar algo de bom do passado ou de corrigir algo de insatisfatório. Repetidas vezes elas retornam às suas falhas, numa tentativa de remediá-las, ainda que não possam evitar repetir novamente a mesma falha."

Importante e confortadora a recomendação de Antenor para que a filha conduza D. Nayá, quando for possível, para uns dias "nas águas de Caldas Novas. Ela precisa de um repouso que se faça igualmente medicação".

---

[1] Trecho de Enid Balint, *O que é a Psicanálise?*, tradução de Rebeca Schwartz, Imago Editora Ltda., Rio de Janeiro, RJ.

Por que importante e confortadora a recomendação?

Tão somente porque Antenor confirma a orientação dos Espíritos Superiores, no sentido de que aproveitemos o máximo cada um de nossos períodos reencarnatórios, fazendo o melhor ao nosso alcance, trabalhando até o limite das forças (questão 683 de *O Livro dos Espíritos*, de Allan Kardec) e compreendendo que *"o repouso serve para reparar as forças do corpo, e ele é também necessário a fim de deixar um pouco mais de liberdade à inteligência, para se elevar acima da matéria."*

Depois de várias considerações, sumamente valiosas, Antenor de Amorim ainda nos oferece mais esta:

"Na essência, é Jesus que buscamos sempre, e isso, minha filha, é o que importa."

15

Carta de pai agradecido

Querida Lélia, filha querida.

Deus nos ampare. Estamos aqui, ao seu lado, e pedimos a continuidade de sua fortaleza e resignação.

Quatro anos se passaram, em que tivemos de descer do píncaro da alegria, com o enlace de nossa querida Simone, para sofrer a despedida de nosso Alvicto.

Sabemos como foi rude a prova, mas você, minha filha, está no centro do lar, abençoando e sustentando os filhos queridos. Do que você orou, chorou, pediu a Deus e aceitou com humildade, os nossos Amigos da Vida Maior entretecem os recursos que lhe fazem a resistência para continuar.

Nosso Alvicto está presente e beija-lhe as mãos. Estimaria escrever, mas ainda não consegue.

Só mesmo aqui, no outro lado da vida, é que podemos compreender as dificuldades daqueles que amam, transformados em emoções indizíveis a lhes tomarem todo o ser, diante da situação nova em que desejariam tudo dizer de arranco aos entes queridos que ficaram na Terra, sem possibilidade de fazer isso, de modo a derramar o próprio coração nas palavras. Esperemos.

Pede-lhe, o companheiro amigo e dedicado, serenidade e amor em todas as situações, de modo a que os filhos queridos permaneçam em harmonia com os problemas do mundo, que só se consegue solucionar com tempo e paciência.

Você nos compreende e isso nos reconforta.

Estamos mais fortemente ao lado de nossa Nayá nestes dias, contando com o amparo de Jesus em nosso favor.

A vida, filha, é assim como luz entre dois mundos. O amor nos faz agir na Terra, impulsionados pela falta e pela saudade que nos impõem todos aqueles que nos antecederam na morte, e, no Mundo Espiritual, a mesma saudade e a mesma falta que sentimos dos nossos entes queridos que, ainda na Terra, induzem-nos a agir para que estejamos todos na mesma faixa de abençoada união.

Reconforte nossos familiares com a sua fé viva e com a sua compreensão.

E creia, o seu trabalho de agora é uma luz sempre maior.

Nunca se veja intimamente isolada, porque você não está só.

Guarde a esperança no coração, por luz incessante, e conserve a bendita certeza de que a morte é sempre vida, e vida muito maior e muito mais ampla do que a vida em que permanecemos na Terra, enquanto no corpo físico.

Para todas as filhas queridas e para o nosso Leônidas, o nosso abraço do coração.

E de pensamento ligado à nossa Nayá e saudando a nossa estimada irmã e amiga que nos acompanha fraternalmente, a nossa Maria, com os agradecimentos a todos os irmãos que nos possibilitam escrever esta carta, abraça a você, carinhosamente, o pai reconhecido e amigo que não a esquece,

Antenor

16

Dificuldades daqueles que amam

Para que possamos compreender e sentir tanto quanto possível a carta de Antenor, na qual enfatiza ele seu agradecimento à filha – Sra. Lélia – pela "continuidade de sua fortaleza e resignação", depois da rude prova por que passou, descendo do píncaro da alegria, com o enlace matrimonial da filha, para sofrer a despedida do esposo, pelas vias da morte, rogamos vênia ao leitor para transcrever dois trechos da obra *Voltei*[1]:

O primeiro deles extraímos do prefácio da obra, recebido pelo médium Xavier, a 19 de fevereiro de 1948, e o segundo, da parte final do capítulo 2 – "À frente da morte" –, com o título de "Minha Filha!".

"Enquanto no corpo – afirma Irmão Jacob –, não formulamos a ideia exata do que seja a realidade além da

[1] Francisco Cândido Xavier, Irmão Jacob, *Voltei,* Federação Espírita Brasileira, Rio de Janeiro, RJ.

morte. Ainda mesmo quando o Espiritismo nos ajuda a pensar seriamente no assunto, debalde tentaremos calcular relativamente ao futuro, depois do sepulcro."

"Os quadros sublimes ou terríveis no plano externo correspondem, de alguma sorte, à nossa expectativa; contudo, os fenômenos morais, dentro de nós, são sempre fortes e inesperados.

"Antes da passagem, tudo me parecia infinitamente simples!

"Observando-me relegado às próprias obras (por que não confessar?), senti-me sozinho e amedrontei-me. Esforcei-me por gritar, implorando socorro, porém os músculos não mais me obedeceram.

"Busquei abrigar-me na prece, mas o poder de coordenação escapava-me.

"Não conseguiria precisar se eu era um homem a morrer ou um náufrago a debater-se em substância desconhecida, sob extenso nevoeiro.

"Naquele intraduzível conflito, lembrei mais insistentemente o dever de orar nas circunstâncias mais duras... Rememorei a passagem evangélica em que Jesus acalma a tempestade, perante os companheiros espavoridos, rogando ao Céu salvação e piedade...

"Forças de auxílio dos nossos protetores espirituais, irmanadas à minha confiança, sustaram as perturbações. Braços vigorosos, não obstante invisíveis para mim, como que me reajustavam no leito. Aflição asfixiante, contudo, oprimia-me o íntimo. Ansiava por libertar-me. Chorava conturbado, jungido ao corpo desfalecente, quando tênue luz se fez perceptível ao meu olhar. Em meio do suor copioso, lobriguei minha filha Marta a estender-me os braços. Estava linda como nunca. Intensa alegria transbordava-lhe do semblante calmo. Avançou, carinhosa, enlaçou-me o busto e falou-me, terna, aos ouvidos:

"– Agora, paizinho, é necessário descansar."

"Tentei movimentar os braços de modo a retribuir-lhe o gesto de amor, mas não pude erguê-los, pareciam guardados sob uma tonelada de chumbo."

"O pranto de júbilo e reconhecimento, porém, correu-me abundante dos olhos. Quem era Marta, naquela hora, para mim? Minha filha ou minha mãe? Difícil responder. Sabia apenas que a presença dela representava o mundo diferente, em nova revelação. E entreguei-me, confiado, aos seus carinhos, experimentando felicidade impossível de descrever."

Observemos, agora, para os nomes citados na mensagem, conquanto sejam praticamente todos nossos conhecidos, já que constam dos capítulos anteriores.

Simone: trata-se da Sra. Simone Tereza Cavalcanti Nogueira, filha de Alvicto Osoris Nogueira e de D. Lélia de Amorim Nogueira.

Alvicto: o Espírito novamente se refere ao genro

Alvicto Osoris Nogueira, nascido aos 8 de agosto de 1914, na Espanha, província de Goiás-Ponte Velha, tendo sido registrado em Ribeirão Preto, Estado de São Paulo, e desencarnado na estrada de Bela Vista, município de Bela Vista, Estado de Goiás, a 22 de outubro de 1967, quatro dias após o casamento de sua filha Simone, em consequência de um acidente automobilístico.

Nayá: trata-se de D. Nayá Siqueira de Amorim, esposa do comunicante e mãe de D. Lélia e do Dr. Leônidas.

Conclusões: 1ª) os Espíritos se reconfortam com a paciência e a compreensão dos familiares ainda no Plano Físico, quando estes, realmente, esforçam-se no sentido da conformação, ante os golpes da prova, por mais rude que seja.

2ª) cabe-nos esforçar-nos, ao máximo, no sentido de evitar qualquer impulso tendente à evocação consciente ou inconsciente do ente amado, residente no Mundo Espiritual, já que, às vezes, como no caso de Alvicto, a entidade não consegue escrever, presa de emoção indizível, mesmo decorrido cerca de um lustro após a desencarnação.

De outras vezes, o Espírito, com vistas a não aumentar esse ou aquele complexo de culpa em alguma criatura, ainda vestida do corpo físico, evita caridosamente criar problemas ou complicações. Aqui, como em todos os processos evolutivos, compete-nos aguardar as decisões da Vida Superior.

Busquemos orar em benefício dos que partiram, homenageando-lhes a memória através da prática integral do bem junto à Humanidade Maior;

3ª) finalmente, memorizemos este passo antológico da mensagem:

"A vida, filha, é assim como luz entre dois mundos. O amor nos faz agir na Terra, impulsionados pela falta e pela saudade que nos impõem todos aqueles que nos antecederam na morte, e, no Mundo Espiritual, a mesma saudade e a mesma falta que sentimos dos nossos entes queridos que, ainda na Terra, induzem-nos a agir para que estejamos todos na mesma faixa de abençoada união."

17

Rememorando os dias terrestres

Querida Lélia, minha querida filha.

Deus nos ampare sempre.

Não sei por que seria eu quem devesse escrever nesta manhã de paz e luz. Talvez isso ocorra por haver demonstrado o desejo imenso e ardente de falar a você, na condição de pai.

Confesso. Chorei na oração, suplicando esta hora; entretanto, diante deste momento, quis recuar.

Vejo tantos corações na doce expectativa de recolher a palavra da Espiritualidade que, sinceramente, envergonho-me de usufruir a dádiva de conversar com o seu coração filial.

Ainda assim, querida filha, escuto a leitura de hoje e observo que o texto encerra o clarão da misericórdia, e o Natal, minha filha, é compaixão divina.

Sou o irmão acolhido pelo amor de todos os que se reúnem aqui, buscando paz e reconforto. Eles me perdoarão se falo, se me imponho a eles, dirigindo-me a você.

Seu pai, no Natal, será um amigo que volta de longe, pelos caminhos do tempo...

Revejo os dias primeiros de nossa experiência no lar, e penso que tantos pais e mães aqui enlaçados espiritualmente conosco se reconhecerão qual me vejo, entre agradecimentos e lágrimas.

Regressamos todos daquelas paredes abençoadas do princípio em que nos identificamos reunidos na Terra, à feição de pássaros em abençoado ninho de amor.

Nossos amigos, que me recebem com tanto carinho nestes dois lados da experiência em que nos reconhecemos aqui, também se sentirão emocionados quanto nós mesmos, em nossas lembranças dos dias que se foram no espaço, e que permanecem conosco no templo da memória, pelo milagre do amor que nunca desaparece.

Feliz Natal a todos!

Digamos isso, querida Lélia, nós dois juntos. Nossas palavras são a mensagem de nosso reconhecimento.

E de minha parte, guarde, querida filha, toda a gratidão de seu pai, hoje companheiro e irmão, numa Vida Maior.

Agradeço a você o carinho com que escorou a transferência de nossa querida Nayá para o clima de seu coração.

Sua mãe é mais que uma benfeitora para nós. É uma estrela, cuja luz devemos acalentar neste mundo, juntamente a vocês, tanto quanto se nos faça possível.

Não preciso dizer dos sacrifícios que lhe marcaram a vida. Baste-nos, filha, rememorar os dias terrestres, em que me via por vezes tão distante espiritualmente do lar, sem perceber que fazia isso. Baste-nos recordar aquela abnegação com que procurava nossa querida Nayá substituir-me.

Hoje tenho você em meu próprio lugar, a fim de resguardá-la no caminho que nos merece.

Diga-lhe, filha querida, que nós estamos juntos, que a vida nos reuniu para sempre e que o tempo e a morte não existem onde o amor se eleva por luz incessantemente acalentada no coração.

Não nos perdemos uns dos outros.

Continuo ao pé de todos os corações queridos.

Nosso Leônidas é objeto de minha atenção constante, e cada uma de vocês, as filhas abençoadas, é um laço de amor a reter-me nas vizinhanças da Terra.

Nesse sentido, posso dizer a você que o mesmo sucede ao nosso Alvicto. A desencarnação não lhe alterou os sentimentos de esposo e pai. Vela pelos filhos e por você, e preocupa-se pela felicidade de nossa querida Simone, com o mesmo carinho com que me entrego ao trabalho pela felicidade de nossa Lelé. Cito-a em particular porquanto, de todas vocês, ela é a filha que, presentemente, mais luta e problemas encontra para afirmar-se no próprio reajustamento.

Caminharemos, Lélia, sempre mais juntos.

Agradeço as tarefas que você me proporciona ao lado de nossos irmãos, considerados velhinhos em nossa mansão de paz.

Recebo os seus pensamentos e lembranças, quando você imagina ver-me e ver o nosso Alvicto em nossos irmãos, por vezes, mais abatidos e mais doentes.

Querida Lélia, continue; a felicidade vem à nossa vida por ação reflexa, porque é a felicidade que criamos para os outros que se transforma em nossa alegria.

Você não será desamparada em seus ideias e nunca estará sozinha.

Aqueles amigos e irmãos de nossas preces e de nossos cuidados são também nossos filhos.

Enterneço-me ao verificar que, em suas mãos,

permanece hoje o serviço que sempre desejei, depois de voltar para a morada em que todos nos reuniremos um dia.

Seja o nosso esforço singelo, aquele esforço de quem procura um Natal permanente.

Não permita que tristeza ou desânimo se lhes insinuem no coração.

A Vida é bela – é caminho de luz para uma vida melhor e maior.

Abençoe os obstáculos, as dificuldades, os problemas, as lutas...

Amando e servindo, venceremos, vencendo a nós mesmos de modo a nos integrarmos, uns aos outros, em Cristo.

Um dia, minha querida filha, você e a nossa Nayá, com todos os nossos entes amados, reconheceremos juntos que só o bem – o bem aos outros – se nos fará sempre a verdadeira fortuna.

Quanto desejaria falar ainda mais, entretanto, quando as lágrimas querem tomar a posição das palavras, as palavras desfalecem na mente.

Receba, filha querida, o coração de seu pai, neste Natal de bênçãos. Não é o coração que desejava oferecer como sendo o relicário de lembranças queridas, pois sei que nem sempre lhe deixei motivos para remi-

niscências de paz e luz, no entanto, ainda é o coração de um pai que ama sempre.

Nossa irmã Luzia Seabra recomenda-me pedir a sua intervenção amiga junto da filha, nossa estimada Maria, que lhe vem recebendo toda a assistência materna. Rogue a nossa Maria coragem e fé. Com a bênção do trabalho a que se dedica, em nosso campo evangélico a favor dos necessitados, nossa querida irmã vencerá.

Querida Lélia, conduza a nossa Nayá e a todos os nossos os meus melhores pensamentos, e guarde, em suas preces, o coração reconhecido do papai reconhecido de sempre,

Antenor

18

A verdadeira fortuna

Em todas as mensagens de Antenor e, principalmente, na quarta e última, recebida pelo médium Xavier, na manhã de 15 de dezembro de 1973, após certa comemoração natalina, surpreendemos o pai afetuoso, procurando confortar esposa e filhos, dando a costumeira ênfase à necessidade da compreensão ante os problemas naturais da vida humana, inclusive o da desencarnação violenta.

Importantes, sem dúvida, as reflexões dirigidas à filha, em cujas mãos permanece hoje o serviço que ele – Antenor – sempre desejou realizar, depois do regresso à morada em que todos nos reuniremos um dia.

Enumeremos, apenas, algumas delas:

1. "A felicidade vem à nossa vida por ação reflexa, porque é a felicidade que criamos para os outros que se transforma em nossa alegria."

2. "Você não será desamparada em seus ideais e nunca estará sozinha."

3. "Não permita que tristeza ou desânimo se lhe insinuem no coração."

4. "A Vida é bela – é caminho de luz para uma vida melhor e maior."

5. "Abençoe os obstáculos, as dificuldades, os problemas, as lutas..."

6. "Amando e servindo, venceremos, vencendo a nós mesmos de modo a nos integrarmos, uns com os outros, em Cristo."

7. "Um dia, minha querida filha, você e nossa Nayá, com todos os nossos entes amados, reconheceremos que só o bem – o bem aos outros – se nos fará sempre a verdadeira fortuna."

19

A grande transformação

Querida Lélia,

Deus nos proteja.

O tempo corre como sempre, e o que é mais importante é que continuamos vivos com o tempo. Estranho isso, hoje em que falo a você, escorado em amigos, como quem abre uma janela de um mundo para outro. Se alguém me dissesse aí que passaríamos por isso, de certo não teria acreditado.

Mas a vida é a vida, e nós somos nós. Paciência, minha querida.

O que temos sofrido em saudade, sabe Deus.

As horas contadas de recordação em recordação, a dor da ausência sem meios de reencontro no mesmo nível, são aflições que as palavras não exprimem.

Ainda assim, querida Lélia, é preciso reconhecer que o reencontro existe, mas em que base! Você e eu chorando tantas vezes juntos, sem que nos identifiquemos um perante o outro.

Agora, porém, a serenidade vai sendo restaurada.

Compreendemos a luta, e compreender é tudo para começarmos ou realizarmos um trabalho seguro. E o trabalho seguro para nós dois hoje é o de conformidade com os desígnios da Lei de Deus.

Estimaria falar muito, relacionar muita coisa, conversar, contar novidades, mas escrever assim, como estou fazendo, exige muita atenção. Pelo menos em meu caso é assim.

Para dirigir a você o meu pensamento, devo fixar-me de modo quase que absoluto em sua presença. Creio que me vejo ao modo de um menino de escola, aprendendo e reaprendendo.

Auxilie-me sempre. Os seus pensamentos e preces têm sido para mim um alimento indefinível.

Sei tudo o que você tem experimentado no capítulo da transformação de nossa casa.

Às vezes eu, muitas vezes, estou ao seu lado na expectativa como acontece com você mesma, isto é, abençoando os filhos queridos e aceitando-lhes as deliberações.

Confiemos. Todos são bons, corretos, amigos. E sabem o que temos sofrido, desde o nosso passeio a Bela Vista. Você imagine. O casamento de nossa Simone era uma festa, uma festa que durou vários dias, e saímos da festa para a grande transformação.

O que sucedeu, em pormenores, não sei. Ainda não posso conhecer tudo. Sei apenas que, quando despertei, procurei por você com desespero, até que soube do fato fundamental.

Não estava mais em nossa casa e nem me achava em qualquer hospital de Goiânia, como supus a princípio. Meu mundo era outro, mas, graças a Deus, você ficara por saldo de paz e esperança para mim, depois de tanto resgate em sofrimento.

Nossos amigos aqui, os que me auxiliam, afirmam que não devo escrever a palavra "sofrimento", mas me perdoam porque ainda não tenho outra para significar o que senti no acidente, para nós dois inesquecível.

Felizmente, Lélia, você ficou para sustentar os nossos meninos, abençoá-los com o seu carinho e com a sua presença.

Tudo o que pude fazer, embora fraco e inseguro quanto me achava, vim a fazer para vê-la recuperada: Graças a Deus, você está firme e valorosa como sempre. Não tema.

Quando você conversa comigo em pensamento, buscando trocar ideias, estou ouvindo, não receie.

Tudo o que você tem feito pela tranquilidade de nossos filhos está certo. Ajude a todos para que a ponderação e a tolerância nos guardem.

As lutas e os problemas são inevitáveis. São cadernos de lições em cujas folhas devemos lançar as equações da experiência construtiva que já possamos adquirir.

Abençoe sempre, somos pais, perante Deus, e Deus nos dará inspiração e força.

Tenhamos fé. Você e eu sabemos, hoje, que todos os planos e realizações podem ser alterados por Deus, num simples minuto.

Quem de nós poderia saber, naquela manhã de adeus, que uma visita suposta ligeira às jabuticabas iria criar tanta mudança para nós dois?

Continue agora com o nosso programa, aliás, continuemos, porque estou com você. O bem aos que sofrem mais que nós é hoje o nosso objetivo. Prossigamos.

Tudo o que você está fazendo é aquilo que você me ensinava, sem que eu pudesse de pronto compreender.

Presentemente, estou mais apto.

Você não é somente a esposa e companheira de

todos os momentos, é também a professora e benfeitora com quem preciso me renovar.

Querida Lélia, minha querida Lélia, a memória já não aguenta a carga de muita emoção. Escrevi o que pude. Mais não consigo. Perdoe-me se termino. Estimaria continuar, dirigindo-me aos nossos, mas devo parar a fim de não perder o fio dos meus pensamentos certos.

Abrace os nossos filhos queridos por mim, incluindo a todos os familiares que nos são abençoado apoio nos caminhos da vida.

Seu pai e outros amigos estão comigo.

Até breve, minha querida, apesar deste "até breve" estar significando três palavras do coração e estarmos sempre "juntos".

Com você, todo o coração e toda a saudade, com a gratidão e carinho do seu

Alvicto

20

Saldo de paz e esperança

Alvicto, nosso conhecido de capítulos anteriores, apenas acrescenta na mensagem que esperou cinco anos para escrever, fazendo-o, ainda, com dificuldade, "ao modo de um menino na escola, aprendendo e reaprendendo", segundo afirma com humildade, que sua desencarnação se deu quando se dirigia com a esposa, D. Lélia, para Bela Vista, cidade próxima de Goiânia, à cata de jabuticabas, fato confirmado pela família do comunicante, reiterando as dificuldades antes apontadas pelo seu sogro – Antenor –, logo após o acidente automobilístico, em companhia da esposa, que sobreviveu com algumas fraturas, quatro dias após o casamento da filha Simone.

Cientes quanto aos detalhes da experiência de Alvicto, detenhamo-nos no ponto seguinte:

"Nossos amigos aqui, os que auxiliam, afirmam que

não devo escrever a palavra "sofrimento", mas me perdoam porque ainda não tenho outra para significar o que senti no acidente, para nós dois inesquecível."

Em torno do sofrimento, não nos furtemos à oportunidade de citar algumas palavras do Espírito de Madame de Staël (Anne Luise Gemaine Necker, nascida em Paris, em 1766 e aí desencarnada, em 1817), transmitidas espontaneamente, a 28 de setembro de 1858, na Sociedade Parisiense de Estudos Espíritas, pela médium psicógrafa senhorinha E.[1]:

"Viver é sofrer, mas a esperança não segue ao sofrimento? Não pôs Deus maior dose de esperança no coração dos infelizes? Criança, o prazer e a decepção acompanham o nascimento; mas, à sua frente, marcha a Esperança, que lhe diz: Avança! A felicidade está no fim. Deus é clemente.

"Por que, perguntam os Espíritos fortes, por que vir ensinar-nos uma nova religião, quando o Cristo estabeleceu as bases de uma tão grandiosa caridade, de uma felicidade tão certa? Não pretendemos reformar aquilo que o grande reformador ensinou, vimos apenas reafirmar nossa consciência, aumentar nossas esperanças. Quanto mais se civiliza o mundo, mais deveria ele ter confiança e mais ainda temos necessidade de o sustentar. Não queremos mudar a face do universo: vimos ajudar a torná-lo melhor. Se

---

[1] Allan Kardec, *Revista Espírita,* Primeiro Ano – 1858 –, Trad. de Júlio Abreu Filho, Edicel, São Paulo, SP.

neste século não viermos em auxílio do homem, este será muito infeliz, pela falta de confiança e de esperança. Sim, homem sábio, que lês nos outros, que procuras conhecer aquilo que pouco te importa e que afasta aquilo que te concerne: abre os olhos e não desesperes; não digas que o nada pode ser possível, quando em teu coração deverias sentir o contrário. Vem assentar-te a esta mesa e espera, pois aí serás instruído quanto ao teu futuro e serás feliz. Aí há pão para todos: Espíritos, todos vos desenvolvereis; corpo, todos vos alimentareis; sofrimento, vós vos acalmareis; esperança, florecereis e embelezareis a verdade, para fazê-la suportar."

Depois de se referir ao sogro presente – Sr. Antenor de Amorim do Nascimento – e a outros amigos, Alvicto alude às "três palavras do coração", significando, a nosso ver, os três filhos – Simone, Luiz Manoel e Antenor.

21

O filho tombado em prova

Querida Augusta, minha querida Augustinha, a bênção de Deus nos reconforte.

Cumpro a palavra. Disse a você que me expressaria por nosso amigo, e tento o recado.

O tempo que me distancia do corpo que se desfez não me habilita a escrever como desejaria.

O trabalho é uma escola incessante para quem deseja prosseguir em caminho melhor e, felizmente, a sua luta abençoada é igualmente minha.

Você sabe que nunca nos separamos.

Seus problemas com a família e as suas aflições maternas seguiram meus passos, porque você sempre seguia nos meus. Nossa união não poderia ser diferente.

O amor é uma luz que Deus acende no coração. E onde o amor persiste não há sombra.

Estimaria escrever ao seu carinho em momentos de primavera, como se estivesse a endereçar-lhe uma carta de noivado, falando de meu agradecimento e de minha ternura.

Entretanto, quis a lei que formulasse estas linhas com a marca de nossas lágrimas.

Ambos trocamos os corações à frente de Henrique tombado em prova.

Pergunta-me você se eu sabia, indaga o seu carinho por que não teria agido no momento certo, barrando o projétil que eliminou a existência jovem do nosso querido rapaz.

Mas posso afirmar a você, querida Augusta, que os nossos encargos continuam aqui, sem sermos anjos.

Tudo fazemos, ao alcance de nossas possibilidades estreitas, para socorrer os entes amados, entretanto conseguimos pouco.

Penso que tudo isso deve ser assim, porque seria um erro furtar nossos filhos à experiência humana, como se nos pertencessem, quando, na essência, pertencemos todos a Deus.

Creia que seu marido fez força. Ainda assim, a lei das provas nos reclamava a tempestade de fevereiro passado. Era preciso enfrentar as dificuldades, sofrer as tribulações e entregar tudo à Providência Divina.

Graças a Jesus, você está fortalecida na fé, e os nossos filhos queridos nos compreendem. Seu pai e até mesmo nosso Eurípedes, com outros amigos, nos sustentaram e nos guardam a segurança espiritual.

Estou na sua condição; pai humano, com alguns passos apenas na estrada adiante.

Admito que nossos Benfeitores da Espiritualidade Maior tudo sabiam por antecipação, porque fomos, você e eu, amparados de imediato.

Augusta, peço a você coragem. Você que tem ensinado seu Velho a trabalhar, você que suportou quase sozinha, do ponto de vista físico, a luminosa carga de serviço na condução da família, que a desencarnação me obrigou a deixar, você, que nunca se intimidou com provações e necessidades, continuará sem pausa nas tarefas que são nossas.

Nosso querido Henrique chegou aos nossos braços na condição de quem caiu ao lado da Cruz do Cristo. Não veio com sentimentos de pesar contra ninguém e, se acordou inquieto, foi pensando em você, nas dificuldades que ficariam para o seu coração de mãe.

Agora, somos nós e falo também por ele: – que pedimos a você e Eduardo, Márcia e Ângela, nossos genros-filhos e nossos familiares tratem o assunto na base da oração. Um grande silêncio pode alimentar uma prece maior.

Augustinha, falei por seus lábios que nosso filho voltava para o Além sem haver ferido a ninguém, e isso nos foi uma bênção.

Que a paz envolva aos que ficaram, que o amor de Jesus cubra a nós todos, que a Luz do Bem não se apague e que a fé em Deus nos faça sentir que somos capazes de errar.

E se hoje, Augustinha, sofremos por resultados de ações que se foram, é que nós também erramos perante as Leis Divinas.

Agradeço o seu depoimento de mãe, inspirado na compreensão que o processo inspira, porquanto os filhos de outros pais e de outras mães são também nossos filhos. Entendimento para nós todos, tranquilidade para nós todos é o que peço a Deus.

Seu pai me auxilia a escrever, mesmo porque receava ferir com qualquer palavra menos adequada nossa confiança de Espíritas-cristãos na Bondade Divina, em favor de todos.

E quem sabe? Nosso Henrique se fará restaurado e você terá mais um companheiro nas suas atividades, com a bênção de Jesus, e eu terei aqui um filho a pro-

porcionar-me aquela luz que nosso querido Henrique sabia distribuir.

O Bem para os outros é saúde e paz para nós.

Não se admita enferma e fatigada ao ponto de permanecer unicamente em casa, pensando em sombras que Deus nos ajudará a transformar em luzes novas.

Não queira vir mais depressa ao nosso encontro. Esperemos o tempo, trabalhando.

Um dia, você e nós estaremos mais juntos, e digo mais, porque juntos sempre estivemos.

Agradeçamos as lágrimas abençoadas que lavam nossos corações por dentro. Elas nos ensinam a visão espiritual a fim de seguirmos adiante em rumo certo.

Agradeço as amigas de Goiânia que trouxeram a sua presença em nosso encontro. Amigos daqui também me amparam.

Saiba que a sua fortaleza é a base de minha fé, que o seu devotamento é o meu clima de segurança, que as suas esperanças me fazem os melhores estímulos para a vida espiritual e que os seus exemplos no trabalho são ainda a melhor escola em que vou formando um novo destino para o nosso Amanhã Melhor.

Perdoe se escrevo assim, misturando alegria e dor, dificuldade de compreender e aspiração no sentido de melhorar-me.

Sou ainda um esposo humano e um pai que, ao seu lado, viveu sempre na certeza de que nossos filhos são tesouros de Deus em nossas mãos.

Auxilie-me para que eu possa ser útil nas tarefas em que a vida nos situa.

E colocando meu coração como sempre em seu carinho, receba tudo o que posso ser de melhor, e toda a minha esperança de melhorar sempre, com todo o amor e reconhecimento do seu,

Sempre seu,

Gastão

22

Seria um erro furtar nossos filhos à experiência humana

A mensagem de Gastão Henrique Gregoris, recebida pelo médium Xavier, no Grupo Espírita da Prece, em Uberaba, Minas Gerais, a 4 de março de 1976, vinte e cinco dias após a desencarnação, em circunstâncias consideradas trágicas do ponto de vista humano, de seu filho Henrique Emanuel Gregoris, suscita-nos algumas considerações, que serão estudadas por itens.

1 – "Pergunta-me você se eu sabia, indaga o seu carinho por que não teria agido no momento certo, barrando o projétil que eliminou a existência jovem do nosso querido rapaz.

"Mas posso afirmar a você, querida Augusta, que os nossos encargos continuam aqui, sem sermos anjos."

Vejamos a questão 528 de *O Livro dos Espíritos*[1]:

---

[1] Allan Kardec, *O Livro dos Espíritos,* IDE Editora, Araras, SP.

"– Um homem mal intencionado lança sobre alguém um projétil que o roça e não o atinge. Um Espírito benevolente pode tê-lo desviado?

"– *Se o indivíduo não deve ser atingido, o Espírito benevolente lhe inspirará o pensamento de se desviar ou poderá ofuscar seu inimigo de maneira a fazê-lo apontar mal, porque o projétil, uma vez lançado, segue a linha que ele deve percorrer.*"

2 – "Penso que tudo isso deve ser assim, porque seria um erro furtar nossos filhos à experiência humana, como se nos pertencessem, quando, na essência, pertencemos todos a Deus."

Ora, todos os psicólogos são unânimes em afirmar que nós todos, inclusive nossos filhos, necessitamos de experiências frustrantes a fim de crescermos por dentro, tornarmo-nos maduros emocionalmente.

E o que preceitua a Doutrina Espírita? Que nos encontramos reencarnados, por enquanto, num mundo de expiações e provas, onde sofrimento e dificuldades, lutas e tropeços são capítulos abençoados, escritos por todos no grande livro da vida.

No mesmo livro citado, de Allan Kardec, a questão 503 nos mostra a diferença entre a aflição experimentada por um Espírito protetor e as angústias da paternidade terrestre, somente porque o chamado anjo guardião "sabe que há remédio para o mal, e que aquilo que não se faz hoje far-se-á amanhã".

3 – "Creia que seu marido fez força. Ainda assim, a lei das provas nos reclamava a tempestade de fevereiro passado. Era preciso enfrentar as dificuldades, sofrer as tribulações e entregar à Providência Divina."

Na verdade, ninguém consegue fugir à Lei de Causa e Efeito, e Henrique deveria partir como partiu, num clima de violência.

4 – "Seu pai e até mesmo nosso Eurípedes, com outros amigos, nos sustentaram e nos guardam a segurança espiritual."

O Espírito se refere ao pai de D. Augusta Soares Gregoris, Manoel Soares, continuador das obras de Eurípedes Barsanulfo, em Sacramento, Minas Gerais, desencarnado em 1937.

5 – "Nosso querido Henrique chegou aos nossos braços na condição de quem caiu ao lado da Cruz de Cristo. Não veio com sentimentos de pesar contra ninguém e, se acordou inquieto, foi pensando em você, nas dificuldades que ficariam para o seu coração de mãe."

Mais adiante, depois de rogar a Eduardo, Márcia e Ângela para que tratem o assunto na base do silêncio e da prece, afirma Gastão:

"Augustinha, falei por seus lábios que nosso filho voltava para o Além sem haver ferido a ninguém, e isso nos foi uma bênção."

Henrique nasceu em 7 de julho de 1952, e desencarnou, nas circunstâncias citadas, a 10 de fevereiro de 1976, em Goiânia. Cursava Administração de Empresas, na Universidade Católica de Goiás.

6 – "Não queira vir mais depressa ao nosso encontro. Esperemos o tempo, trabalhando."

Sendo a Terra um mundo de expiações e provas, destinado a ser, no grande futuro, um mundo de regeneração, segundo nos ensinam os Espíritos Superiores, tudo nos cabe fazer no sentido de permanecermos aqui o máximo de tempo que nos seja permitido, trabalhando infatigavelmente no bem, construindo a nossa felicidade à base da cooperação no erguimento da felicidade dos outros, desvencilhando-nos com isso do orgulho e egoísmo que, há milênios, retardam-nos a evolução.

7 – "Sou ainda um esposo e um pai que, ao seu lado, viveu sempre na certeza de que nossos filhos são tesouros de Deus em nossas mãos."

Mais uma vez, defrontamo-nos com o problema de ordem semântica, em relação ao cônjuge que fica – esposo-viúvo, mulher-viúva. Confortadora, sem dúvida, a assertiva de que a vida continua, tudo a indicar-nos a necessidade inadiável e intransferível da reforma íntima, já que as manifestações de fachada são provas inequívocas de imaturidade espiritual, requisitando terapêutica adequada, a qual, em muitas circunstâncias, só poderá ser feita à base de dor e sofrimento ou mesmo de angústia em grau superlativo.

Que todos nós, os viajores da Terra, possamos rogar, aos Espíritos Benfeitores, forças renovadoras para viver, qual fez o Espírito de Gastão:

"Auxilie-me para que eu possa ser útil nas tarefas em que a vida nos situa."

Dados biográficos:

Nasceu Gastão Henrique Gregoris a 1º de março de 1928, em Ribeirão Preto, Estado de São Paulo, filho de Eduardo Gregoris e de Ana Silva Souza Gregoris.

Nessa cidade, passou toda a sua infância, transferindo-se, na adolescência, para Goiânia, a convite de um tio, Alfredo Feresin, que lhe conseguiu colocação na Empresa Goiana de Cinemas, onde permaneceu por alguns anos.

Casou-se aos 21 anos de idade com Augusta Soares Gregoris, filha de Manoel Soares e Augusta de Oliveira Soares, natural de Sacramento, Estado de Minas Gerais.

Tiveram quatro filhos: Márcia, Henrique Emanuel, Ângela e Eduardo.

Gastão continuou seus estudos depois de casado, formando-se em Contabilidade, na Escola Técnica de Comércio de Campinas, bairro de Goiânia, em 1960.

Fundou com seu pai e irmão a casa comercial, "Móveis Tupy", da qual era Diretor-gerente.

No dia 28 de agosto de 1964, a convite de amigos,

saiu para uma pescaria no Rio Meia Ponte, em Goiânia, onde desencarnou, vítima de afogamento.

Foi professor na Escola em que se diplomara com louvor, sendo considerado, na época, pelo seu Diretor, Professor Rubens Carneiro, o melhor aluno desde a fundação, dez anos antes.

Seus alunos o estimavam e respeitavam, com imenso apreço.

Espírita praticante, empenhava-se com sinceridade na prática da Doutrina.

Junto da esposa, durante alguns anos, foi responsável pela "Obra do berço" (enxovais para recém-nascidos), na Irradiação Espírita Cristã, na capital do Estado de Goiás.

Também ali, participava das reuniões evangélicas e do trabalho de orientação mantido pelo Benfeitor Espiritual Bezerra de Menezes, juntamente com seu grande amigo, Dr. Oswaldo Gódoy, que continua na obra de dedicação e bondade, em auxílio ao próximo.

Gastão desencarnou aos 36 anos de idade.

Tinha adoração pelos filhos, e, em suas preces diárias, pedia de início: -"Senhor, abençoa meus filhos."

23

A morte – um lado diferente. Só isso

Mãe, peço a bênção.

É isso mesmo, Fé e alegria. Aprendi com o seu coração e não encontro lição maior neste momento de reencontro. Este é um dia nosso, dia de amor, porque estamos novamente unidos por esse fio misterioso da palavra escrita.

Estou melhor. Não posso dizer que a pele está corrigida como um milagre. Estou em tratamento.

Fevereiro tem carná. Estou lembrando aqueles cartazes de nossa Goiânia. E carná tem luta sem fevereiro mesmo.

Esperei estes minutos e prometi que não faria investimentos de tristeza.

Morte, "Véia", é um lado diferente. Só isso. É como se a pessoa vivesse aí, junto de um velho muro, ignorando o que há no avesso da cerca. Pois a cerca não é assim tão forte. Vim sem pular por altura nenhuma. Cheguei naturalmente, com meu pai, a fim de agradecer. Estou quase bem. Digo quase bem, porque a cabeça ainda balança um pouco, se a memória der um empurrão mais forte.

"Véia", sou eu que peço para que não esquente a cabeça. Tudo passou.

Fico muito grato por seu esforço. Esforço de não guardar ressentimento.

Seu filho estava realmente brincando com a vida. Perdoe se isso aconteceu. Não tive a ideia de que a terminação seria aquela. Foi uma zebra sem tamanho a que me surpreendeu. Mas não há de ser nada.

Mãe, não culpe a ninguém, peço.

Agradeço o seu pedido ao nosso amigo Dr. Wanderley, e peço transmita aos nossos, especialmente ao nosso Mário, o respeito e o carinho com que me deram a paz.

Isso, Mãe, é assim mesmo. Uns chegam por aqui em maca ou cama de sofrimento, outros voltam com o sangue enrolado por dentro das veias, outros regressam de juízo perdido nos remédios do descanso obrigatório, e muitos dormem por aí e acordam por aqui, com a cara e a coragem.

Eu, que sempre julguei cuidar-me para não entrar pelo cano, vim para cá diante do cano a querer entrar por dentro de mim. Mas, fora o pesar que causei ao seu carinho e aos nossos, estou menos mal.

Sucedeu o melhor.

Nunca me perdoaria se o amigo estivesse no meu lugar, em matéria da viagem forçada.

Às vezes, uma brincadeira é sistema de balança pagadora. Supus que me entregava a um divertimento de rapaz, e o prato da justiça ficou mais pesado para mim.

Agora, no que falo, digo o que ouço do velho Gastão. Diz ele, por vezes, "que entrou na água, julgando entreter-se, e a água acabou entrando nele". Nossos negócios estavam por ali. Meia Ponte, periferia e ocorrências. Sentimos que o fogo em mim se faça fogo em seu coração e que as águas do rio se hajam transformado em lágrimas nos seus olhos, entretanto, as lutas estão passando.

Pai e eu refletimos nessa base e contamos com o seu perdão.

Peço ao seu carinho: medite nos Henriques outros que estão por aí, necessitando de sua bondade de mãe.

O nosso reencontro será fatal.

Anteontem, fui eu a rever meu pai, ontem foi o velho Gregoris a retornar para os braços do filho.

Meu avô que se fez de volta para cá, desconhecendo tantos fatos dos tempos últimos, surpreendeu-se muito ao reencontrar-me.

"Véia", o seu dia chegará. Não se apresse.

Sei que o suicídio não é dose para nós, mas a morte pode sobrevir por motivos diversos. E um deles, e talvez dos mais fortes, é aquele do desejo forte da pessoa quando escolhe morrer.

As suas tarefas são muitas.

Um rapaz, qual eu mesmo, estuda e estuda, no entanto, um coração de mãe é muito importante no mundo, sem estudar especificamente para atuar nos Grupos da Humanidade.

Conduzamos nosso Eduardo para a compreensão. Ele não pode andar encucado, perguntando por que — o porquê da minha vinda para cá num inesperado momento.

Ajude meu irmão a considerar o caminho do trabalho a escolher.

Não sei o que deva falar.

Opiniões às vezes são forças disfarçadas de violência. Não sei por que Eduardo prefere voar, mas, se isso é sonho dele, desejo ao querido irmão o destino de um Lindbergh.

Esquema traçado no painel, e subida calma para cima das nuvens. Sem cair, é claro.

O que não me conformo é vê-lo impressionar-se de tal modo que precise de medicina especializada.

Diga ao irmão que a vida é um capítulo que Deus escreve por nosso intermédio. E por tudo o que se escreve não se dispensa um ponto final. A morte é mudança de linha.

Estou apenas num parágrafo novo.

Saí dos estudos para trabalho empresarial e deixei a APEGO a fim de empreender outras tarefas e apegar-me a outros valores.

Apenas rogo a Eduardo apreciar a seriedade da vida, sem brincar com ela.

Mãe, agradeço a todos.

Estou tranquilo.

Seu carinho me trouxe paz.

Você entendeu tudo e me libertou de tudo o que me poderia prender aí.

Prometo, trabalharei e tentarei habilitar-me para servir ao seu lado, com as suas faculdades mediúnicas.

Estou feliz, porque você, "Véia", cumpriu a sua fé espírita. Você não só falou e disse, mas ensinou e fez. Muito obrigado.

Meu abraço aos cunhados, à Márcia e Ângela.

Não se preocupe se a família está aumentando.

Filho, Mamãe, dá trabalho, mas oferece a bênção do sacrifício com Deus. E isso é processo legal dos melhores.

Agora, nós dois vamos trabalhar em silêncio para varrer o resto da poeira que ficou no caminho do dez de fevereiro.

"Véia", tudo está bem, mas muito bem mesmo.

Penso no dinheiro que talvez pudesse faltar, mas pedi ao meu pai nos auxilie para que nada falte às suas mãos, sempre prontas para distribuir.

E quando conversar comigo no retrato, não me pergunte o que houve. O que houve é que amo a você cada vez mais, e que não quero me separar de você.

Mãe, agradeça por mim aos amigos e colegas de serviço. Todos foram notáveis pela dedicação.

Fique alegre e fique com Deus.

Filhos quando beijam as mães nada precisam contar. Elas adivinham. Pois adivinhe também, que seu filho estará em seus passos e que não me esquecerei um momento de seu carinho. E se você adivinhar que meus olhos estão molhados, é porque estou chorando de alegria por saber, querida Mamãe, que sempre fui e que sou seu para sempre.

Sempre seu filho,

Henrique

24

Fatalidade do reencontro

De uma entrevista com a genitora do comunicante, eis o que conseguimos colher:

"Nasceu Henrique Emanuel Gregoris a 7 de julho de 1952, em Goiânia.

Seus pais, Gastão Henrique Gregoris e D. Augusta Soares Gregoris[1], ambos espíritas, em homenagem ao luminoso Espírito de Emmanuel, registraram o filho com o seu nome.

Henrique teve uma infância feliz e despreocupada até a desencarnação de seu pai, vítima de afogamento durante uma pescaria.

Passou pela adolescência quando sua família faceava grandes problemas financeiros.

---

[1] Veja-se o depoimento de D. Augusta Soares Gregoris na obra anteriormente citada – *Amor & Luz*.

Cedo deixou os estudos, indo trabalhar em Brasília -DF, em 1972, a convite de um tio, Sr. Wilson Fidalgo, que lhe conseguiu colocação no Grupo do INCA, onde permaneceu por dois anos. Lá, prestou o vestibular na Universidade do Distrito Federal, para Administração de Empresas, sendo bem-sucedido.

Com a morte do seu amigo Izídio Inácio da Silva, em acidente automobilístico, resolveu voltar para Goiânia, temendo, com suas idas e vindas, "sofrer acidente e morrer longe da mãe e dos irmãos".

Em 1974, de volta, ingressou na PLANITEC, Assessoria e Planejamento, a qual prestava serviços a APEGO – Associação de Poupança e Empréstimos de Goiás. Conseguiu a transferência de seus estudos para a Universidade Católica de Goiás.

Henrique, de personalidade alegre e extrovertida, gostava, à maneira do pai, de ajudar os amigos e as pessoas que o procuravam. Possuía amplo círculo de amizades entre jovens e adultos. Apreciava a vida do campo, tendo especial atração pela criação de gado vacum e cavalos, sendo estes seus planos para o futuro.

Era espírita. Gostava de literatura espírita, e seu último livro a ler, *Jovens no Além*[2], recebeu dele o seguinte comentário: "é um barato".

---

[2] Trata-se do livro de Francisco Cândido Xavier, Caio Ramacciotti e Espíritos Diversos, *Jovens no Além*, Grupo Espírita Emmanuel Sociedade Civil Editora, São Bernardo do Campo, SP.

Nas férias e feriados, ia receber passes e água fluidificada, na Irradiação Espírita Cristã e no Centro Espírita Irmã Scheilla, na sua cidade de residência.

No dia 10 de fevereiro de 1976, no trabalho habitual, recebeu um telefonema de um amigo, convidando-o insistentemente para uma tarde alegre e divertida.

Henrique, solteiro e sem compromisso, concordou.

Às 22h30 do referido dia, sua mãe foi acordada por João Pontes, amigo e colega de faculdade, dizendo que Henrique fora acidentado e estava muito mal no Hospital São Salvador, onde fora socorrido.

Chegando ao hospital, sua genitora foi informada pelo médico plantonista que seu filho havia falecido, vítima de arma de fogo. O amigo, com sua arma, tê-lo-ia ferido, julgando-se numa brincadeira.

Após 25 dias da desencarnação, seu pai Gastão Henrique Gregoris enviou expressiva mensagem, através do médium Chico Xavier, consolando a esposa e mãe[3].

A família desejava um esclarecimento sobre o fato, aguardando o desenrolar do processo instaurado pela Polícia do 1º Distrito Policial de Goiânia. Após alguns meses, o advogado da família, Dr. Wanderley de Medeiros, informou que o acusado havia sido absolvido.

---

[3] Veja-se o capítulo anterior (22).

A família não concordou, absolutamente, sendo feita a apelação para Instância Superior.

Dois dias após a apelação (desconhecendo totalmente o fato), o médium Francisco Cândido Xavier, a pedido do Espírito de Henrique, deslocou-se até Goiânia para dizer à genitora – D. Augustinha – que perdoasse o amigo.

D. Augusta, diante do pedido do filho desencarnado, imediatamente enviou uma carta ao seu advogado, solicitando-lhe que encerrasse definitivamente o processo."

Anotemos o que ostentou *O Popular*, de 18 de julho de 1976, sob o título "Mãe desiste de ação contra acusado da morte de seu filho"[4]: "O juiz Orimar Bastos, da Comarca de Piracanjuba, respondendo pela de Hidrolândia, absolveu o bacharel João França de responsabilidade na morte de Henrique Emanuel Gregoris. Contratado pela mãe da vítima, o advogado Wanderley de Medeiros entrou com a petição de apelação contra a sentença. Dona Augusta Soares Gregoris, genitora de Henrique, antes que a petição tivesse curso, desistiu da apelação, comunicando a seu advogado que seu filho, depois de morto, perdoara ao acusado. Assim, a ação foi encerrada definitivamente."

Depois de transcrever, na íntegra, a mensagem de

---

[4] *O popular – Cidade/Estado*, Goiânia, 18/07/76, pág. 5, Ano XXXIX, nº 8543.

Gastão, eis o desfecho do artigo, do qual suprimimos a transcrição da carta de D. Augusta:

"Ao receber a notícia da absolvição do réu e julgando que o advogado dela, no processo, fizera considerações desairosas à memória do seu filho, Dona Augusta contratou Wanderley de Medeiros para a apelação.

"O médium espírita[5], contudo, veio pessoalmente a Goiânia para lhe dizer que Henrique Emanuel se manifestara em Uberaba e pedira à sua mãe para perdoar o acusado, que era inocente."

Da mensagem recebida pelo médium Xavier, no Grupo Espírita da Prece, ao final da sessão pública da noite de 25 de setembro de 1976, destaquemos apenas os seguintes itens:

1 – observemos a linguagem rica de gírias, que era habitual ao missivista, quando encarnado.

2 – "Véia" – tratamento carinhoso de Henrique, quando se dirigia à sua Mãezinha.

3 – curiosa a imagem do muro, sendo a morte nada mais que "um lado diferente".

4 – "Agradeço o seu pedido ao nosso amigo Dr. Wanderley, e peço transmita aos nossos, especialmente ao nosso Mário..." – O Espírito se refere ao advogado da família – Dr. Wanderley de Medeiros e aos cunhados Mário Lúcio Sobrosa e Luiz Antônio Rabelo.

---

[5] O repórter se refere ao médium Francisco Cândido Xavier.

5 – Sumamente confortador verificarmos a técnica de enxugar lágrimas do jovem Henrique: através do trocadilho, servindo-se da expressão "entrar pelo cano", tão popular.

6 – Muito consolo a extrair para todos nós, os viajores de Eternidade: "Nunca me perdoaria se o amigo estivesse em meu lugar, em matéria de viagem forçada."

7 – Novamente, em tom jocoso, o Espírito alude à desencarnação do pai e à dele mesmo, alcançando, ao mesmo tempo, um clima altamente poético através da conotação dos signos *fogo e águas do rio*.

8 – Lembrete absolutamente concorde com o Capítulo XV de *O Evangelho Segundo o Espiritismo*, de Allan Kardec, – "Fora da Caridade não há Salvação": "Peço ao seu carinho: medite nos Henriques outros que estão por aí necessitando de sua bondade de mãe."

9 – Depois de afirmar que "o nosso reencontro será fatal", isso é, que todos os Espíritos afins um dia se reencontrarão para trabalharem unidos, co-criadores, colaborando com o Criador na expansão do Universo Infinito, conta como se surpreendeu seu avô paterno, Gregoris, ao vê-lo no Mundo Espiritual.

Na verdade, o Sr. Eduardo Gregoris desencarnara uma semana após a partida de Henrique, e desconhecia o penoso acontecimento que se lhe abatera sobre a família.

10 – "Conduzamos nosso Eduardo para a compreensão." Trata-se do irmão que, com efeito, mostra autêntica vocação de aviador.

Sobre Lindbergh refere-se ao famoso (Charles August Lindbergh) aviador norte-americano.

11 – o trocadilho "deixei a APEGO a fim de apegar-me a outros valores" é da mais alta importância do ponto de vista de identificação do Espírito, já que o médium, de modo algum, poderia conhecer tantos detalhes, inclusive a circunstância de o comunicante ter saído "dos estudos para trabalho empresarial."

12 – *Márcia e Ângela*: irmãs de Henrique.

13 – Profundamente humano o fecho da carta mediúnica, quando Henrique, enxugando lágrimas, pergunta à mãe querida se seria capaz de adivinhar por que ele o fazia de olhos molhados.

25

De volta ao "berçário novo"

Mãe, abençoe seu filho. Sou eu mesmo, de volta.

Prometi pintar por aqui sempre que o pano fosse descoberto para a estrada, e venho desejar, ao seu coração querido, a paz que vem do Alto. Pano descoberto recorda os meninos de circo de que o pai falava em outros tempos. O que há, "Véia", é que não me sinto com matrícula neste colégio das mensagens. Falha o merecimento, mas estou na sua, de irmã dos que sofrem. Não por mim, o acesso a que me refiro, mas pela remuneração à professora que é você. Agradeço por tudo.

Nosso ambiente está mais sereno, como seu Henrique desejava. A princípio, aquele tumulto quase me enlouquecia, porque, por aqui, também se perde o equilíbrio. Não seria paúra, mas uma espécie de chuva magnética dos raios mentais que me eram atirados. Foi assim e não foi assim. Henrique estava daquele modo e não estava. Que teria acontecido por trás das portas? E o negócio era esse aí. Barulho e perturbação. Movimento inútil de ondas que pareciam sempre longe da crista. E a ventania esquisita de forças me envolvia de todo, como se estivesse perdido numa estrada perdida, escutando seus chamados e vendo as suas lágrimas, na condição das pessoas que enxergam outras, quando algum relâmpago rompe as trevas.

Depois... a tranquilidade. A tranquilidade que você me deu e pediu a todos os nossos, para mim.

"Véia", é isso. Não deixe a cabeça esquentar. Existe um Poder sobre nós que nos socorre sempre mais depressa quanto mais depressa se manifeste a nossa aceitação e a nossa paciência. Afinal de contas, a morte, como pessoa que ninguém deseja na Terra, caminha nas estradas do mundo todos os dias.

Aquilo que me sucedeu devia suceder. Uns chegam à experiência física para tempo curto; outros dobram as fieiras dos dias e varam um século. Hoje, compreendo. A idade por si não vale, porque deste lado vale apenas aquilo de bom que colocamos no rio do tempo. Cada dia é momento de se entregar algo de melhor à embarcação das horas. Por isso mesmo, deixar o corpo cansado ou vigoroso, bonito ou feio é cousa somenos. Estamos juntos. Agora é a ocasião de pegar em seus instrumentos de fé e caridade, e seu filho vem fazendo o possível para atender às novas obrigações. Fazer o bem aos outros é o melhor investimento nas menores atividades do campo empresarial.

Há gente por aí lutando com tanto empenho por alguns mangos na poupança, e aqui reconhecemos que se perdeu muito tempo nisso, quando poderíamos acumular outras espécies de benefícios. Câmbio estranho o câmbio de Deus. De um lado, ele sugere ganhar e de outro indica o servir para ganhar com razão. Mas toca prá lá. Isso é com a filosofia.

Estou aqui em nosso recado para dizer que temos recebido os seus votos de paz e encorajamento.

Um neto, "Véia" querida, é um tesouro. A chegada do Luiz Henrique (muito obrigado pela lembrança de meu pobre nome) foi para todos nós, mesmo aqui, uma felicidade muito grande. Pedimos a Deus para que o menino cresça até que se faça um gigante de bondade e compreensão, trabalho e progresso. Isso entre parentes, que garantem o corujismo na tradição, não é desejar de mais.

Agora, a fala da gratidão pelas flores do seu aniversário, que as suas mãos nos levaram à terra, que nos guardou a roupa em desgaste. Luta-se para não se falar em "cemitério", em nossos papos daqui, mas a pessoa acaba na referência mesmo sem querer. Inventaremos ainda outra palavra para essa imagem inadequada, como, por exemplo, "Berçário Novo". Estamos gratos. Aqui estão comigo o Izídio, o Jurandir, o Guimarães e o Oscar, todos muito reconhecidos às suas preces e às suas pétalas perfumadas. E outra notícia temos recebido — digo eu, seu filho — muito auxílio nas orações do nosso querido amigo Nicolau, o "São Nicolau" de nossa casa. "Véia", é isso que digo. Não nos falta proteção.

Trabalho aqui, temos nós na dose que se deseja. E o trabalho no bem gera sempre mais alegria. Aí, tínhamos nós dois dias de que não me esqueço: o dia 28 de agosto para chorar o Papai e o 8 de outubro para a nossa alegria no bolo de seu natal, bolo que você recusava e que, na verdade, não deixávamos para trás.

Agora, Mamãe, não deixe que a luz da alegria esmoreça em nosso grupo. As nuvens passaram. Queremos alegria e paz, porque ninguém aí na Terra esteja na ilusão de escapar. O reencontro é fatal porque a morte é certa. Mas não faço o apontamento por nota de menosprezo a ninguém. É só apelação para que você esteja calma e paciente, aguardando o dia diferente dos outros.

Envio muitas lembranças para Eduardo, Márcia

e Ângela, Mário Lúcio, Luiz Antônio, e um beijão aos sobrinhos.

Dona Lélia, receba o nosso respeito e reconhecimento. Nossos amigos Antenor de Amorim e Alvicto Nogueira estão presentes e rogam-lhe confiança no coração de filha e esposa.

Mamãe, eu queria terminar esta carta com um poema, no entanto, ofereço a você aquele nosso do violão. O "Menino da Porteira" fica sendo a canção de seu Henrique para você. Já varei a porteira da vida espiritual, mas continuo sendo o seu menino de sempre. Deixe que lhe beije as mãos. Mamãe, você sabe que um beijo de filho saudoso e reconhecido para as mães vem a ser uma estrela. A estrela de seu filho é tão pálida, mas é sua, porque o meu beijo é seu.

"Véia", fique com Deus e me dê sua bênção. Trouxe flores também, mas com uma diferença – elas são lágrimas de alegria e gratidão a Deus, por ser sempre mais seu. O pai Gastão e o Vovô Manoel estão comigo e deixaram um abraço.

Receba, querida Mamãe, o coração inteirinho de seu filho, sempre mais seu por dentro do coração.

Seu sempre

Henrique

26

Fazer o bem: O melhor investimento

Da segunda carta de Henrique, transmitida através do médium Xavier, a 12 de novembro de 1976, salientemos alguns pontos dos muitos destacáveis que existem ao longo de toda a página.

1 – Dentro da mesma linguagem de que se serviu para a transmissão da primeira mensagem – rica de gírias – e ainda nomeando a genitora por "Véia", qual o costume que adotava quando encarnado, Henrique nos convida a atenção, de início, para um assunto de suma importância: o do merecimento para se comunicar através da instrumentalidade mediúnica.

No caso, deixa claro, não somente por modéstia de sua parte, mas, talvez, por se tratar da realidade, que o mérito pertence ao coração maternal.

De fato, ao que sabemos, as comunicações são permitidas quando os Benfeitores da Vida Maior verificam que elas reverterão em benefício de várias criaturas, encarnadas ou desencarnadas.

De qualquer modo, Henrique nos alerta para uma questão de muito interesse, dentro das fileiras espíritas, a recordar-nos a recomendação de Allan Kardec: "passar tudo pelo crivo da razão."

2 – Cessamento de "barulho e perturbação" e chegada da tranquilidade, depois da atitude materna: perdão para o acusado.

3 – "Existe um Poder sobre nós que nos socorre sempre mais depressa quanto mais depressa se manifeste a nossa aceitação e a nossa paciência."

Afinados com as Forças Superiores da Vida, tudo se nos torna mais fácil para a liquidação justa de todos os problemas. Ou por outras palavras: aceitação e paciência – primeiro passo para a solução adulta de todos os obstáculos, por mais graves que sejam do ponto de vista humano.

4 – "Aquilo que me sucedeu, devia suceder. Uns chegam à experiência física para tempo curto; outros dobram a fieira dos dias e varam um século. Hoje, compreendo. A idade por si não vale, porque deste lado vale apenas aquilo de bom que colocamos no rio do tempo. Cada dia é momento de se entregar algo de melhor à embarcação das horas."

5 – "A gente por aí lutando com tanto empenho por alguns mangos na poupança, e aqui reconhecemos que se perdeu muito tempo nisso, quando poderíamos acumular outras espécies de benefícios."

Verdade inconcussa, esta que lembra Allan Kardec, no capítulo XVI de *O Evangelho Segundo o Espiritismo*, e que a maioria de nós outros, os reencarnados, nos recusamos a encarar frente a frente, alegando as conjunturas da sociedade mercantilista, não passando tudo isso de simples racionalização de nossa parte.

6 – "Um neto, "Véia" querida, é um tesouro."

Refere-se a Luiz Henrique Gregoris Rabelo, nascido a 28 de setembro de 1976.

7 – Novamente a problemática das palavras. Seria bom, sem dúvida, que a expressão "cemitério" fosse substituída pelo sugestivo nome "Berçário Novo".

Tempo virá, com o desenvolvimento da Psicolinguística, que dá seus primeiros passos, em que a Semântica alcançará seu florescimento máximo.

8 – *Izídio*: Izídio Inácio da Silva, desencarnado a 26 de fevereiro de 1974, com 19 anos de idade, em desastre automobilístico, sobre quem falaremos nos próximos capítulos.

9 – *Jurandir*: Jurandir Nascimento, desencarnado em acidente, a 23 de maio de 1970, com 20 anos de idade, filho de Gabriel e de D. Santinha Nascimento.

10 – *Guimarães*: Geraldo Guimarães Rosa, desencarnado a 25 de outubro de 1974, em consequência de acidente, com 23 anos de idade, filho de Geraldo e D. Guilhermina Rosa.

11 – *Oscar*: Oscar Masaaki Tsuruda, desencarnado em acidente, a 11 de agosto de 1973, com 24 anos de idade, filho de Aiki e Tamiko Tsuruda.

12 – "Nosso querido amigo Nicolau, o "São Nicolau" de nossa casa": trata-se de Nicolau Calixto Hezin, desencarnado a 26 de dezembro de 1975.

Fato admirável que demonstra de modo irretorquível a autenticidade da mensagem, é que os quatro primeiros nomes citados são de amigos íntimos de Henrique, companheiros que cresceram junto dele, e que eram assim chamados, inclusive o de origem nipônica.

13 – As datas citadas – 28 de agosto a 8 de outubro coincidem com a realidade.

Mais um detalhe comprobatório.

Aparentemente simples, mas muito importante.

14 – *Eduardo, Márcia e Ângela*; Mário Lúcio e Luiz Antônio: conforme os itens 4, 10 e 12 do capítulo anterior (24).

15 – *Dona Lélia, Antenor de Amorim e Alvicto Nogueira*: nossos conhecidos de capítulos anteriores e grandes amigos da família de Henrique.

16 – "O Menino da Porteira" fica sendo a canção de

seu Henrique para você." O "Menino da Porteira", de Teddy Vieira e Luisinho, com efeito, segundo a genitora do comunicante, era a toada que Henrique e Eduardo tocavam no violão e cantavam acompanhados pelo carinho materno. Detalhe, a nosso ver, igualmente dos mais preciosos também.

17 – *Pai Gastão e Vovô Manoel*: nossos conhecidos de capítulos anteriores, Gastão Henrique Gregoris e Manoel Soares, sendo este último, o avô materno, seguidor da tarefa abençoada de Eurípedes Barsanulfo, em Sacramento, Minas Gerais, e desencarnado a 19 de janeiro de 1937, como já tivemos ocasião de ver, páginas atrás.

Agradeçamos ao Criador e ao Divino Mestre pela bênção da Mediunidade Espírita-cristã, rogando de igual modo a bênção da saúde e da alegria para o médium Xavier, pelo seu Meio Século de Mediunidade com Jesus e Kardec, marcado em 8 de julho de 1977.

27

"Estou na condição do canário que esteve na gaiola e foi solto"

"Véia" querida, minha querida Dona Augustinha, peço a sua bênção, de coração renovado na esperança e na paz nova que você me deu.

É isso aí.

Porteira aberta, campeiro a caminho de casa. Mas venho à casa de seu carinho para agradecer ao seu devotamento pelo muito que recebi.

Desde que você aceitou o meu pedido de perdão para o amigo que não esperava de nós outra atitude, minha vida mudou. Estou na condição do canário que esteve na gaiola e foi solto.

A sua compreensão quebrou os fechos de arame e pude respirar mais alto.

Mãe, é tão difícil fazer isso!

Aqui, é quase o aí que conhecemos.

As lutas são muito parecidas, quase as mesmas.

Ressentimento e ódio criam perturbações e doenças, e as moléstias e os desequilíbrios se verificam muito mais na alma que no corpo.

Agora é que compreendo o que falava você em torno da obsessão. Isso é uma espécie de corda imantada, corda de aço, enrolando os Espíritos no mesmo drama de angústia.

A cura vem do entendimento.

E o entendimento nos aponta os outros como filhos de Deus, sejam esses outros quem sejam. Os que amamos são filhos de Deus e os que ainda temos dificuldades de amar são igualmente filhos do Criador. E é melhor aprender a amar aos que ainda não amamos aí mesmo, nas tricas do mundo, que esperar fazer isso depois da morte, quando os encontros são muito improváveis.

Fale com o Mário Lúcio de minha alegria, de minha imensa alegria. Graças a Deus ficamos livres de nós mesmos, livres dos sentimentos que poderíamos abrigar indebitamente.

Aqui, tenho visto o que não esperava.

Caras procurando inimigos que desapareceram em outras faixas da vida para se sentirem libertos das mumunhas que adquiriram .

Por aí, botamos banca a qualquer hora para sermos os companheiros da superioridade, quando um dia virá em que saberemos curvar o pescoço para rogar desculpas por palavras e atitudes impensadas.

Creia, "Véia", que estou aprendendo.

Aí, ao seu lado, eu escutava seus casos, guardava as suas saudades de meu pai Gastão e parecia levar tudo a sério, mas, no fundo, eu perguntava: "Será que os espíritas estão com a verdade ou com a palavra furada com alfinetes de ouro?"

A dúvida ficava boiando na cuca, e eu acabava limpando a poeira das conversas compridas e passava por cima.

Entretanto, o negócio é realidade que não se discute. E acabei reconhecendo que é preciso ser firme para não cair em moleza. Pra frente com o trabalho do bem, é o melhor que eu trouxe. E trouxe essa bandeira das suas mãos de mãe e viúva, e amiga, mãe de seus filhos e dos filhos alheios.

Olhe que o seu esforço não tem sido mambembe. Felicito agora a você sem a ideia de paparicar.

Nós dois sabemos que é preciso enfrentar os

freios do mundo, para não ser marginalizado em bobagem com perda de tempo.

Estou também muito admirado com o nosso Eduardo. O rapaz tem qualquer cousa do nome "é do ar", porque tanto quer ser aviador em Brasília quanto em São Paulo, tanto no Brasil de Porto Alegre quanto em Miami dos Estados Unidos.

Mas você, "Véia", não esquente a cabeça. Deixe o menino agir como deseja. Cada qual nasceu para trilhar certos caminhos. Respeitemos nosso Eduardo e que ele me perdoe a brincadeira.

O que vejo é que não será justo desvincular você de Ângela e Márcia, do Márcio Lúcio e do Luiz Antônio, com os pequenos que esperam tanto de sua experiência e de seu amor.

O mundo vai virando por si mesmo, mas não podemos virar a nossa cabeça fora de nossos compromissos com a ideia que abraçamos, em seu caso, a Doutrina Espírita, com o trabalho bendito que ela nos oferece.

Sou também cliente de suas faculdades e do doente do seu gabinete de cura espiritual. E estou recebendo de suas mãos os ingredientes precisos para trabalhar e atuar em muitos grupinhos e patotas daqui, na intimidade dos quais a erva mágica, representada por vários modos, fazem loucos que a Terra não pode ainda conhecer.

E não se renuncia ao dever de ajudar.

Tenho feito o que posso e posso afirmar a você, que os seus apontamentos não foram inúteis em seu filho Henrique.

Mamãe, a luta é gigantesca e ainda que possamos parecer formigas querendo sustar uma tempestade, continuemos servindo e agindo.

Peço a você dizer ao Ricardo do Juarez que o Júnior está aqui, com a proteção de Dona Alice, e que nem ele, Ricardo, e nem qualquer dos outros amigos nossos estão esquecidos.

Oscar, Jurandir e Guimarães, aqui comigo, pedem para dizer que não se desinteressam dos pais Aiki e Tamiko, Geraldo e Dona Guilhermina, e os demais. É muita gente para recordarmos de uma vez só.

Às vezes, a cabeça cansa e os nomes da Terra somem da imaginação. Não sei explicar isso. Notava, porém, aí, que qualquer brasileiro, quando voltava de outro país, mostrava certa dificuldade de pensar e falar em português ao mesmo tempo, quando a ausência fosse longa.

Aqui, por exemplo, temos amigos que vejo sem grande conhecimento anterior, que estimariam en-

contrar em mim o "Chapelin do Além", como alguém me apelidou em nossa querida Goiânia, e desejam que eu transmita notícias sem que eu consiga obedecer ao anseio de todos, quanto desejo.

Mas não posso deixar de dizer aos pais de Amauri Gallinari, que ele está aqui e deseja expressar-se, mas ainda não encontrou meios de afinar-se com o Chico, mas pede a eles estejam tranquilos porque ele está cada vez melhor, embora a saudade que é, aqui, um prato obrigatório para todos.

E um amigo, de nome Antônio Lourenço, roga seja dito à sua nora e à sua irmã Aparecida, que o neto dele, o Lourenço, está melhorando, mas ainda sente muita falta da família, especialmente da mãezinha, da esposa Aparecida e da filhinha Lília.

Pede a tranquilidade de todos, porque a paz dos nossos por aí é uma bênção no coração de quem volta para as nossas pedreiras para cá da morte. Por pedreiras, simbolizo o trabalho que não esperávamos e que encontramos pela frente.

"Véia", fique em paz e sirvamos com Deus.

Agradeço os pensamentos bons e as preces amigas de nossa querida irmã, Dona Lélia.

E quero dizer a você que, no dia 28 próximo, estarei ao seu lado nas preces pela felicidade do meu pai Gastão.

É aquele dia de lembrar Meia Ponte e aumentar a plantação das saudades.

Mas a nossa fé é um remédio santo, e, pela nossa fé, havemos de sarar do passado, para construir o futuro melhor.

Já fiz o meu gibi de filho, mas tem muita cousa que não cabe dentro de hoje.

Continuaremos em outras oportunidades.

Se alguém julgar que fui muito prolixo, é porque quem não sabe escrever, assim como eu, não sabe escrever curto.

Mas o abraço para você, Dona Augustinha, é um abração sem tamanho.

Muitas lembranças para o nosso pessoal de casa, porque desencarnei, mas não larguei a coruja e receba um beijo de muita gratidão de seu "menino da porteira" e seu filho do coração,

Henrique

28

Realidade que não se discute

Com a mesma linguagem expressiva de sempre, eis que volta Henrique, através do médium Xavier, na reunião da noite de 20 de agosto de 1977, no Grupo Espírita da Prece, em Uberaba, Minas Gerais, e publicada ao final da notável reportagem de Márcia Elizabeth – "Chico Xavier, o Intérprete do Outro Mundo", no jornal de Goiânia, *O Popular*[1].

Endereçando o leitor aos itens dos dois capítulos anteriores a este, a fim de aproveitar espaço e tempo, vejamos o que o Espírito do jovem goiano tem a nos oferecer:

1 – "Desde que você aceitou o meu pedido de perdão para o amigo que não esperava de nós outra atitude, minha vida mudou. Estou na condição do canário que

[1] *O popular – Cidade/Estado,* Goiânia, 25/09/77, pág 6.

esteve na gaiola e foi solto." Eis, em poucas palavras, o que Allan Kardec estuda, em profundidade, no Cap. XII de *O Evangelho Segundo o Espiritismo* – o perdão incondicional das ofensas.

2 – "Agora é que compreendo o que falava você em torno da obsessão. Isso é uma espécie de corda imantada, corda de aço, enrolando os Espíritos no mesmo drama de angústia."

3 – "A cura vem do entendimento."

4 – "Graças a Deus ficamos livres de nós mesmos, livres dos sentimentos que poderíamos abrigar indebitamente."

Com efeito, para nos libertarmos dos processos obsessivos, nada melhor que o perdão, enquanto estamos a caminho, perdoar indefinidamente, setenta vezes sete vezes, segundo a recomendação de Jesus, a fim de que nos libertemos de nós mesmos, isto é, que nos desvencilhemos do orgulho e do egoísmo, que são cadeias poderosas, mas não inquebráveis.

5 – *Mário Lúcio Sobrosa* e *Luiz Antônio Rabelo*: cunhados de Henrique. Veja-se o item 4 do Cap. 24 –"Fatalidade do Reencontro".

6 – *Meu pai Gastão*: trata-se do Gastão Henrique Gregoris. Veja o Cap. 22.

7 – *Eduardo*: irmão de Henrique, que cursa, atualmente, a aviação civil em Goiânia. Veja o item 9 do Cap. 24.

8 – *Márcia e Ângela*: irmãs do Espírito comunicante.

9 – *Oscar, Jurandir e Guimarães*: amigos de Infância de Henrique, desencarnados em acidente.

10 – *Júnior e Ricardo*: o primeiro desencarnado em acidente; ambos amigos de Henrique e filhos do Sr. Juarez Távora de Azeredo Coutinho e D. Glória Coutinho.

11 – *D. Alice*: esposa desencarnada de Francisco Ribeiro Escartezini, e avó de Ricardo e de Júnior.

12 – *D. Lélia Amorim Nogueira*: grande amiga da família de Henrique, conforme os capítulos 16 e 17.

13 – "Chapelin do Além": apelido dado a Henrique pela Sra. Ely Merola, referindo-se ao conhecido apresentador do "Jornal Nacional", da TV Globo.

14 – "Menino da Porteira": canção que Henrique e Eduardo, acompanhados pela genitora, cantavam. Vejam o item 16 do Cap.26.

15 – *Meia Ponte*: referência à desencarnação de Gastão Henrique Gregoris, no Rio Meia Ponte, a 28 de agosto de 1964. Veja-se o cap.22.

16 – *Antônio Lourenço, Aparecida, filhinha Lília*: segundo informes de D. Augustina, prestados em sua residência (Goiânia, GO), na manhã de 4 de fevereiro de 1978, trata-se de familiares da Sra. Enid Prochnov Nunes, residente em Araraquara, Estado de S. Paulo.

Finalmente, transcrevemos este tópico em que

Henrique se dirige à sua "Véia" Augustinha, dirigindo-se a todos nós, os reencarnados, alertando-nos quanto à necessidade da paciência e da perseverança nos caminhos do mundo:

"Mamãe, a luta é gigantesca e ainda que possamos parecer formigas querendo sustar uma tempestade, continuemos servindo e agindo."

29

Tudo é bênção de Deus

Querido papai, querida Mamãe.

Abençoem o filho de volta, ansioso de entendimento e de paz.

Abraço as irmãs queridas e ofereço aos amigos a minha simpatia e apreço.

Estou entre pessoas que desconheço, mas sinto-me em casa. A bondade está brilhando em todos. E através da luz que me cerca, posso escrever qualquer coisa.

Papai, primeiro ao senhor.

Venho pedir sua resignação qual o doente que solicita remédio. Preciso disso, papai, a fim de viver aqui. Este viver aqui significa ajustar-me, compreender-me, aceitar as ocorrências e ser útil. Suas lágrimas formam um laço tão forte como aqueles nós nos quais prendíamos as reses no campo. Quero sair do círculo fechado em que me encontro e não consigo. Estou parado sem forças. Papai, a morte não é o fim. A vida continua. Lembre o pasto morto quando a chuva chega de monte e tudo que parecia secura e poeira torna a reverdecer. Assim é a vida quando termina no corpo. Rogo ao senhor e à Mamãe, tanto quanto às meninas, que não me lembrem hospitalizado nem morto. Aquilo se foi. Estou firme e refeito, mas estou fraco e doente, porque o pranto, e especialmente agora o seu, meu pai, revolve-me as entranhas do coração.

Às vezes melhoro, tenho esperança, a oração que vou aprendendo com calma me escora os pensamentos e consigo ouvir os mestres daqui, com desejo sincero de lhes aproveitar as lições, mas logo me levanto por dentro, ouço, papai, os seus chamados...

O senhor quer esmorecer por minha causa, busca as minhas lembranças e me pede, quase me intimando, que lhe apareça. E a luta se estabelece, porque não sei quem chora mais, se o senhor buscando quase morrer, se eu mesmo tentando viver à força num campo de experiência que não mais me pertence.

É preciso, papai, que a conformação nos abençoe. Ou melhor, seu filho precisa de tranquilidade e segurança. Viva, sim! O senhor e Mamãe precisam recordar que as meninas aí estão, que a família não se acabou e que, se seu filho for auxiliado, poderá também auxiliar.

Sei tudo, sei que o senhor contava comigo como sendo o companheiro que Deus lhe dera, mas creia que ainda sou. Compreendia os seus projetos de futuro, que eram meus. Para seguir seus passos, para imitá-lo, meu pai, o próprio estudo era pra mim sacrifício. Queria o campo, a beleza das árvores, as águas moventes, o ar puro e o gado – o gado que parecia nos entender.

Cresci para ser mais seu que mesmo de minha mãe, porque, em verdade, o sonho nosso era penetrar o sem-fim e respirar no verde grande, para construir coisas novas, mas quem de nós não é de Deus? E Deus, papai, queria seu filho para trabalhar ao seu lado, mas de outro modo. Não chore mais.

Levantemos o coração para a fé. Recorde com Mamãe tudo que era de mais lindo em nossa casa – a fé em Deus – e não a abandone.

Estaremos juntos, rezando. Mamãe encontrou o clima espiritual onde a resignação é sustentada com segurança, e peço-lhe para seguirmos com ela à frente.

Não acredite que alguém teve culpa naquela corrida, que o Zé, o nosso Zé da Brahma, buscava se exercitar. Eu mesmo dirigia. Prometi que haveria de dar-lhe alguns macetes em matéria de equilíbrio nas grandes velocidades, e pisei confiante. O carro não se arrancou, porque, na verdade, era mais uma decolagem. Quase voamos, entretanto, veio o insucesso, a queda foi violenta. Não esperava que pudesse acontecer o que vimos. Quis gritar e dominar a situação, no entanto, fiquei imóvel, sem meios de falar o que acontecia. Lutei comigo mesmo, ouvi as vozes de todos os que se aproximavam desejando iniciar o socorro, mas, por fim, foi um sono ou semissono, porque nem dormia, nem deixava de perceber o que se passava em derredor. Depois, veio um sono grande, a que me entreguei vencido.

Não passou muito tempo, e vi que estava em nossa casa. Era domingo à noite, quando me vi assim, como quem melhora depressa. Chamei por todos, entretanto, compreendo hoje por que ninguém me respondeu. Comecei a sentir medo, quando um amigo se aproximou, depois outro, não os conhecia, mas se identificaram de pronto.

O que vinha à frente se declarou me avô Izídio, e o outro, que me abraçou ternamente, afirmou-se como sendo alguém da família, dando-me o nome de avô Sahb, ou melhor, bisavô, carinhoso e amigo. Logo após, uma senhora se ofereceu para socorrer-me e auxiliar-me a tomar um leito móvel, porque o susto me fazia então cair. Mais tarde, vim a saber que se tratava de Maria Luiza Teixeira, irmã que se disse, com muito amor, ser nossa amiga nas bênçãos de Buriti Alegre.

Chorei muito ao saber que perdera o volante e o corpo físico. Procurei pelo Zé, e sei agora que ele está sob o amparo de muita gente. E assim, desde aquele fevereiro de fim difícil, estou preso aos meus pais queridos. Hospitalizado me vejo porque não tenho a liberdade de agir. Estou atado ao poste de nossas lágrimas; papai, solte seu filho, readquirindo a sua fé em Deus, e o nosso trabalho, tudo vai melhorar. Nossos planos agora de Araguaína não se acabaram. Pense em nossa família e nos outros – nos outros rapazes que necessitam de proteção e amor.

Papai e Mamãe, trabalharemos nas boas obras. O mundo espera seguidores de Jesus para levantarem a vida melhor.

Leila, Lau, vocês que se acham conosco, ajudem--me, colaborem com a Mamãe nas tarefas em auxílio das crianças mais necessitadas, não deixem papai chorando diante de meus retratos e de meus objetos de rapaz.

Tudo é bênção de Deus. Vovô Izídio e tia Nenê, com o padre José Joaquim, um protetor e amigo nosso, estão comigo, e deixam um abraço a todos. Eles dizem que têm pedido a Jesus por nós todos, sem esquecer que a vovó Laudelina pede por tio Tonico, como pelos demais familiares do coração.

Queria escrever mais, no entanto, não posso.

Mamãe, agradeço o seu esforço por mim, baseado na sua confiança em Jesus e em nossa Mãe dos Céus. Não deixe que a nossa casa esteja sem a luz da oração.

Papai, abençoe-me. Beijo as suas mãos. Orem pelo filho que ainda necessita de paz a fim de fazer a própria renovação.

Pai, auxilie-me. Peço-lhe para viver, e viver com muita saúde e coragem.

Lembranças a todos os nossos que ficaram na retaguarda, e recebam, papai e Mamãe, todo o coração do filho reconhecido, do filho que os acompanha agradecendo-lhes a vida e a esperança, sempre e sempre filho do coração,

Izídio

30

Filho de volta, ansioso de entendimento e de paz

Izídio Inácio da Silva, autor da mensagem recebida pelo médium Xavier, na madrugada de 12 de outubro de 1974, nasceu a 21 de março de 1955, em Buriti Alegre, Estado de Goiás. Único filho do sexo masculino do casal Cacildo Inácio da Silva e Leila Sahb Inácio da Silva[1], residia em Goiânia, desde os quatro anos de idade.

Fez o curso primário no Educandário de Goiás, o secundário em diversos colégios, inclusive o Ateneu D. Bosco, e formou-se em Contabilidade na Escola Técnica de Comércio D. Marcos de Noronha, todos em Goiânia.

Desde criança, Izídio era companheiro de seu pai, amava os campos, as fazendas e os animais.

Apesar da pouca idade, era muito trabalhador e

[1] Veja-se depoimento de D. Leila Sahb Inácio da Silva na obra *Luz Bendita* (Francisco Cândido Xavier/Emmanuel/Rubens Silvio Germinhasi), IDEAL, SP.

dotado de grande senso de responsabilidade. Além de cuidar da Fazenda "Fundão", no município de Goiás (antiga capital do Estado), que o genitor vendeu logo após a morte do filho, por não suportar-lhe a ausência, Izídio adquiriu, com o seu próprio esforço e com a ajuda do pai, a sua própria fazenda de mil e duzentos alqueires em Redenção, no Estado do Pará, onde pretendia trabalhar e construir a própria vida.

Em janeiro de 1974, acompanhado de um amigo, visitou ele essas terras, penetrando o interior das matas virgens para respirar o ar puro, através de estivas – estradas sem segurança, construídas por peões contratados por ele –, para lá não mais voltar, senão em Espírito.

Izídio era querido em toda a parte, devido ao temperamento alegre, afetuoso, simples, humilde e dinâmico de que se fazia portador. À feição dos rapazes de sua época, praticava o namoro e apreciava os esportes e as corridas de carros.

Amava a velocidade, tendo sido um dos principais corredores de Kart de Goiânia, chegando a pilotar um carro de classe turismo, numa corrida em Brasília.

Pertenceu ao Vila Nova Futebol Clube, do qual era diretor do time juvenil e do basquetebol, tendo excursionado com o time a São Paulo, dois meses antes da desencarnação.

Mereceu da Diretoria brilhante homenagem póstuma: um jogo de basquete, no dia 28 de março de 1974, entre as equipes do Vila Nova e da Guanabara, na contenda do troféu que lhe guardou o nome.

A revista local *Leia Agora Esportiva* dedicou-lhe uma página sob o título "Uma perda irreparável – Ele seria o futuro Presidente do Vila Nova."

Surgiram, ainda, homenagens a Izídio na Câmara de Vereadores e na Assembleia Legislativa.

Numa terça-feira, 19 de fevereiro de 1974, Izídio foi com seu pai comprar e marcar uma boiada, perto de Hidrolândia, estado de Goiás.

Chegou cansado e repousou um pouco antes do banho. Desceu para o jantar com roupa de fazenda (fato que chamou a atenção de Urquiza, senhora que ajudou D. Leila a criar os fihos, inclusive Izídio, pois que ele, à noite, sempre gostava de envergar uma boa indumentária).

Inquirido por que se trajava daquele modo, respondeu que iria deitar-se mais cedo, já que deveria sair de madrugada com o pai, para a fazenda.

Entretanto, após o jantar, saiu de casa para ir a uma reunião do Vila Nova, que já havia sido adiada.

Encontrou-se com alguns amigos, e acabou indo assistir a um "pega ou racha", que era realizado na estrada que demanda a cidade de Guapó.

Com um seu amigo, José Fortuoso Sobrinho, mais conhecido como Zé da Brahma, que o conhecia como bom piloto, foi dar algumas explicações sobre a melhor maneira de conduzir o veículo. E, a 200/Km/h, o carro capotou. Seu companheiro faleceu no local do acidente, e Izídio foi atendido no Hospital Ortopédico, onde esteve em estado de coma durante seis dias, até que veio a desencarnar, no dia 26 de fevereiro, terça-feira de carnaval. Seu sepultamento teve a presença maciça dos jovens, dos esportistas e dos fazendeiros locais, além dos parentes.

Após o impacto da morte do filho, D. Leila, que já possuía noções sobre a Doutrina Espírita, foi quem se recuperou mais facilmente. Passou a frequentar a Irradiação Espírita Cristã, onde derramou suas lágrimas de mãe, para logo transformadas pela Misericórdia do Alto em conforto e esclarecimento para muitos.

Em meados de 1974, Francisco Cândido Xavier foi a Goiânia, a convite do Deputado Lúcio Lincoln de Paiva, para um diálogo na Assembleia Legislativa, do Estado de Goiás. Dona Leila não conseguiu aproximar-se do médium, devido ao acúmulo de pessoas em torno dele. Mas não se deu por vencida. Sabendo que, após a cerimônia, ele iria comparecer ao Instituto Araguaia para uma noite de autógrafos, para lá se dirigiu, com o esposo desolado. Enfrentando grande fila, conseguiram, às 2h00, trocar rápidas palavras com o veterano médium espírita, dele recebendo o convite para irem a Uberaba, além de breve frase confortadora.

No dia 12 de outubro do mesmo ano, a família de Izídio chegou a Uberaba e, até o momento da recepção da mensagem, só manteve contatos impessoais com o médium de Emmanuel.

A peça medianímica foi um conforto para a família, que encontrou nela a certeza da sobrevivência do Espírito, visto ser a carta de Izídio repleta de descrições, citações e apontamentos profundamente pessoais, das quais o médium não possuía qualquer conhecimento.

Em Goiânia, onde o jovem Izídio era muito estimado, e onde muitos amigos sabiam quão desolados se lhe viam os familiares, principalmente o pai, que não se conformava com a desencarnação repentina do filho, a mensagem causou grande alegria e admiração, sendo publicada nos jornais da cidade e no jornal Goiás Espírita. Esta mensagem, diz D. Leila, não só confortou a família, mas a muitos corações de mães, e muitos jovens a conservam até hoje como advertência.

Depois de afirmar ao genitor que a morte não é o fim e que a vida continua, usando imagens de quem conhece a vida campestre, Izídio se refere a um ponto de suma importância:

"Não acredite que alguém teve culpa naquela corrida, que o Zé, o nosso Zé da Brahma, buscava se exercitar. Eu mesmo dirigia. Prometi que haveria de dar-lhe alguns macetes em matéria de equilíbrio nas grandes velocidades, e pisei confiante. O carro não se arrancou, porque, na verdade, era mais uma decolagem. Quase voamos, entretanto, veio o insucesso, a queda foi violenta. Não esperava que pudesse acontecer o que vimos."

Segundo informes da família, Izídio gostava de carros e da velocidade.

O pai, cavalheiro muito sensível, pedia habitualmente ao filho para não se entusiasmar com o automobilismo, devido aos riscos de semelhante prática, alegando que precisava dele, não só para auxiliá-lo, como também para proteger a família, no futuro.

Geralmente, apesar das advertências, o filho participava de corridas.

Em outubro de 1973, vendeu o Opala de corridas, que possuía, e comprou uma camioneta C-10, para enfrentar as tarefas das fazendas.

Os pais tranquilizaram-se ainda mais; contudo, de vez em quando, os amigos insistiam, e Izídio participava de algumas competições.

Eis, agora, o fato curioso: todos os que assistiram à corrida que finalizou no desastre afirmaram que o Zé da Brahma é quem saiu ao volante, e o Izídio só o acompanhava para explicações. E sempre Dona Leila falava que, se Izídio estivesse ao volante, o carro não teria capotado. O fato, como vimos, foi negado por Izídio, em sua primeira mensagem, através do médium Xavier.

Surgiram dúvidas, apesar de existirem tantos outros detalhes que davam mostras de tratar-se, com efeito, do Espírito do jovem. Um ano após o acidente, porém, a Perícia deu o laudo esclarecedor: *o carro de propriedade de José Fortuoso Sobrinho era pilotado por Izídio, e o Zé da Brahma era o acompanhante.*

Deixando para o próximo capítulo as considerações

em torno de alguns nomes citados na mensagem, terminemos este já longo comentário, citando uma passagem do depoimento da família, que bem confirma a observação dos psicólogos: de que temos conhecimento antecipado, inconscientemente, do que poderá ocorrer conosco ou com qualquer membro de nossa constelação familiar: "Izídio era muito amoroso para com os entes queridos, e mantinha o hábito de beijar exageradamente, às vezes quase sufocando as crianças, razão por que D. Leila sempre o corrigia. Principalmente Urquiza, sua segunda mãe, e Leandra, sua sobrinha e afilhada de cinco meses, recebiam-lhe mais as efusões de carinho.

Dias antes do acidente, Izídio estava saindo para a fazenda, quando sua irmã Laudelina chegava à casa paterna em companhia de Leandra. Ele tomou a sobrinha nos braços e começou a beijá-la, demasiadamente.

A genitora pediu ao esposo para corrigir o filho.

Quando o Sr. Cacildo deliberou atender, calou-se estranhamente, ao ouvir uma voz que lhe disse:

"Não faça isso, ele beija todo mundo porque vai durar pouco."

Este fato foi narrado pelo pai, nos dias em que Izídio esteve hospitalizado, em coma profundo.

Às páginas 47 e 51 da obra *Somos Seis*[2], há ligeiras referências ao Espírito de Izídio.

---

[2] Francisco Cândido Xavier, Caio Ramacciotti, Espíritos Diversos, *Somos Seis*, GEEM, São Bernardo do Campo, SP.

31

A família adquirida por extensão

Mamãe, abençoe seu filho e continue pedindo a Deus por mim. Tanta escora encontrei nas suas preces que, de certo modo, habituei-me com a segurança. Alías, querida Mamãe, que filho se reconhecerá de outra maneira?

Pedi vez e tento falar escrevendo. Minhas saudações alcançam a todos, com os meus votos a Leilá e ao Nilson, por um futuro abençoado constantemente por Deus.

Mamãe, parece-me que a gente, quando se desvencilha do corpo físico, regressa à condição de criança. Referimo-nos à Divina Providência com tanta facilidade, e o nosso pensamento se eleva para o Alto com tanta frequência, que a renovação por aqui apresenta igualmente um começo ou recomeço em que a fé, na essência, é a base mais importante de nossas afirmações.

Creia que me regozijo com as novidades. O seu trabalho é hoje tão grande que me sinto, por vezes, com dificuldade para caminhar nos seus passos.

Graças a Jesus, o seu carinho compreendeu, precisávamos disso: converter saudades em oração, e crença em serviço aos outros. Visito em sua companhia a nossa família nova – a família que adquirimos por extensão. Escuto seus convites ao trabalho, e acompanho-a com aquela satisfação de menino feliz.

Até fevereiro de 74, era jornada com meu pai, respirando aquele cheiro maravilhoso de capim verde ou molhado, era a gleba cercada, os liames a se ampliarem e o gado amigo dando ideias a seu filho de que aquelas cabeças sustentadas em quatro pés eram quase criaturas humanas, pedindo compreensão. O amor pelo campo não sofreu qualquer modificação. Fitar os céus e estudar na terra acolhedora são ainda um prazer no meu coração.

Entretanto, agora, Mãezinha, sem deixar de ser o que sou, rejubilo-me com seus artesanatos de balas e enxovais, especialmente, tudo que signifique elementos de auxílio aos nossos irmãos em obstáculos maiores do que os nossos, nos quais as suas queridas mãos sabem transformar o seu próprio esforço em recursos de socorro aos nossos semelhantes.

Muito grato quando você procura colocar minhas mãos nas suas, no serviço do bem. Sei que apre-

goar caridade seria pedante em mim, no entanto, reporto-me com muito orgulho à cozinha onde procuro aprender, de longe embora, tudo aquilo que venha a ser ideal mais trabalho somando beneficência.

Agradeço igualmente ao papai o quanto nos auxilia.

Mamãe, aqui se nos achamos ligados à família, acompanhamos todas as ocorrências em casa.

Não fique triste se meu pai não consegue ainda se desligar daquelas ideias de tristeza e quase desânimo que, por algumas vezes, ainda lhe aparece no Espírito.

É assim mesmo. Ele crê em Deus, ele sabe que continuo existindo. Mas entendi com a vovó Laudelina que ele é extremamente sensível.

Na Terra, surgimos na mesma forma: cabeça, tronco e membros, (veja lá se me lembro da escola com exatidão). Mas, por dentro do crânio, a vida é muito diferente de uns para os outros.

Paciência, Mamãe.

Aquela severidade de meu pai é amor vestido num tecido forte. Mas, no íntimo, é aquele protetor que temos e conhecemos.

Nosso caro Nilson conhecerá conosco tudo isso. Digo assim, porque Nilson é o caçula de casa, é aquele filho do coração que chegou por último e terá essas honras de mais moço, até que nosso grupo alcance novas promoções.

Peço ao seu carinho dizer ao papai para não acolher qualquer desânimo. Compreendo que, no coração dele, aparece a saudade rogando renovações; entretanto, certas renovações em família não devem ser apressadas. De meu lado, no que se refere a isso, não perdi o meu encantamento pela terra.

Entendo que o dinheiro é uma bênção de Deus para se aplicar, mas a terra é uma bênção de Deus, em que conseguimos e devemos produzir para o bem de todos.

Aqueles projetos para o Norte, com Araguaína em nossa mira, continuam comigo.

Isso não quer dizer que me apeguei a patrimônios materiais, ou que não encontrei vida melhor, que a vida na fazenda. Não é isso.

Penso em trabalho e proteção para aqueles que a bondade de Deus nos confiou ao zelo de cada dia.

Papai e a senhora façam, porém, o melhor.

Apesar de tudo, não me podem recusar o direito de respeitar as alegrias que me deram e as lições que me ensinaram.

Quero dizer à Leilá e ao Nilson que estamos contentes, muito contentes ao vê-los de aliança dupla, anel de ouro no ouro do coração, caminhando lado a lado, para a frente.

Estamos agradecidos a todos, o amor com que somos lembrados em casa.

Aqui, temos atividades e mais atividades, não temos tanto soçaite, mas cultivamos reuniões fraternas com muita esperança e com muitos planos de melhora crescente.

Vovó Laudelina e tia Nenê estão comigo, com outras afeições em anexo. Tudo com muita alegria de mistura com as nossas preces a Deus pela felicidade de todos.

Nosso abraço a Lau, ao Carlos, a Júlia, a Blanche, ao Flávio, a Urquiza, e a todos os corações queridos.

Mamãe, rogo as suas preces pelo amigo José — o Zé da Brahma; devo auxiliá-lo e preciso de seu concurso.

Sou portador de notícias do amigo Geraldo para nossa irmã D. Nenzinha. Ele está muito bem, conquanto, naquela rede de ansiedade entre os dois mundos — Saudade pra lá e saudade pra cá. No entanto, a proteção aqui é uma cobertura joia, e todos devemos aguardar tudo de bom para nosso amigo e para D. Nenzinha, com os nossos entes queridos.

Lembro, Mamãe, que a nossa gratidão ao amigo

Dr. Vieira não pode esmorecer, e peço dizer a ele que o Maurício vai num reajuste dos melhores.

Mamãe, é tanta a emoção ao escrever tudo isso, que tenho um nó na garganta, como se a minha garganta estivesse nos dedos com que me faço sentir.

Rogo comunicar ao papai que estamos cientes quanto à cirurgia, e que, se meu avô Izídio não está aqui com o neto, é porque está embalando o filho querido, garantindo-lhe mais força nas forças habituais.

Mamãe, agradeço por tudo.

Perdoe seu filho, se falei em seu trabalho sempre renovado na visitação aos nossos companheiros de experiência. Afinal, sou seu filho e fico feliz ao reconhecer que o seu coração me ouviu os rogos da carta de outubro, há quase dois anos. É isso. O câmbio se modifica, entendemos que é sempre melhor dar do que receber, porque estamos sempre recebendo da bondade de Deus para sermos mais úteis.

Um beijo na fronte da Leilá, sem me esquecer da Nazira.

Com o meu coração dividido entre a senhora e meu pai, peço-lhe guardar o amor e a saudade, o carinho e a gratidão num beijo do filho sempre mais reconhecido,

Izídio

32

O dinheiro – uma bênção de Deus para se aplicar

Da mensagem recebida pelo médium Xavier, ao final da reunião da noite de 20 de agosto de 1976, explicitemos apenas alguns itens, deixando que o próprio leitor o faça quanto aos demais, já que esta, quanto a primeira página de Izídio, mostra-se referta de apontamentos que nos induzem a pensar.

1. *Leilá, Júlia, Lau e Blanche*: irmãs de Izídio.

2. *Carlos, Flávio e Nilson*: cunhados do comunicante.

3. *Urquiza*: amiga da família, que ajudou a criá-lo.

4. *Nazira*: prima de Izídio.

5. *Geraldo*: pai de Nilson, desencarnado em janeiro de 1976.

6. *Nenzinha*: apelido familiar de D. Maria Rodrigues, esposa de Geraldo e mãe de Nilson.

7. *Dr. Vieira*: abnegado médico que deu assistência a Izídio nos seis dias que esteve em estado de coma, no Hospital Ortopédico, de Goiânia.

8. *Maurício*: filho do Dr. Vieira, que desencarnou em maio de 1976, com apenas sete anos de idade, vítima de queimadura, conforme os capítulos 37 e 38.

9. *Zé da Brahma*: companheiro de Izídio, que desencarnou no mesmo acidente automobilístico, sobre quem nos estendemos no capítulo anterior.

"Mamãe, parece-me que a gente, quando se desvencilha do corpo físico, regressa à condição de criança. (...) Visito em sua companhia a nossa família nova – a família que adquirimos por extensão. Escuto seus convites ao trabalho, e acompanho-a com aquela satisfação de menino feliz. (...) O amor pelo campo não sofreu qualquer modificação. Fitar os céus e estudar na terra acolhedora são ainda um prazer no meu coração. (...) Muito grato quando você procura colocar minhas mãos nas suas, no serviço do bem." Em todos os lances, Izídio deixa claro que "fora da caridade não há salvação". Mais adiante, entra num ponto da maior importância: o papel do dinheiro e como nos conduzir quando possuímos glebas de terra neste mundo:

"Entendo que o dinheiro é uma bênção de Deus para se aplicar, mas a terra é uma bênção de Deus, em que conseguimos e devemos produzir para o bem de todos.

"Aqueles projetos para o Norte, com Araguaína em nossa mira, continuam comigo.

"Isso não quer dizer que me apeguei a patrimônios materiais, ou que não encontrei vida melhor, que a vida na fazenda. Não é isso.

"Penso em trabalho e proteção para aqueles que a bondade de Deus nos confiou ao zelo de cada dia." Lição das mais profundas para aqueles que, por prova ou expiação, tornam-se latifundiários. Que distribuam tarefas para os trabalhadores braçais e estes estejam remunerados com dignidade, não havendo necessidade de transformarem suas grandes propriedades rurais em minifundiários. Lição profunda, repetimos, a do jovem fazendeiro desencarnado. De certa forma, vem completar a segunda mensagem de Henrique Emanuel Gregoris (veja-se o Capítulo 25), a propósito daqueles que perdem muito tempo acumulando "alguns mangos na poupança", quando "poderíamos acumular outras espécies de benefícios."

Que todas essas lições nos calem fundo na inteligência e nos corações, sejamos apagados jornaleiros ou detentores de relativa fortuna material.

33

Benedito esquecimento de nós mesmos

Mãezinha querida, peço a bênção do seu carinho, em nome do Senhor.

Creio que a intuição lhe tenha falado que tudo faria de minha parte para escrever. Acontece que isso é verdade, mas não pretendia tomar tempo. Um bilhete apenas, algumas frases significando saudade e tudo estaria decidido, mas trouxemos até aqui o nosso Luiz Roberto, para endereçar algumas notícias ao tio Cupertino e à tia Célia, no entanto, a emoção é forte e, quando a gente aqui encontra a possibilidade de falar sem muita preparação, a saudade e a presença, a dor e a alegria, a esperança e ansiedade se reúnem com tal força por dentro da alma, que não nos resta senão lágrimas, as lágrimas com que desanuviamos o céu de nossos pensamentos. O vovô Cupertino e outros amigos se incumbiram de trazer o primo conosco, mas não é possível ainda para ele o trabalho de guiar o fio do lápis, sem chorar. Isso, porém, é muito construtivo, pranto por bênção, e surgirá o momento justo em que ele consiga se fazer sentir como deseja. Ele, no entanto, abraça os pais queridos e pede-lhes a continuação dos pensamentos de conformação e confiança em Deus, com os quais se vê seguramente apoiado.

Mãezinha Dulce, continuemos trabalhando. A vida aqui para sua filha adquiriu outras nuances de coragem e fé viva, desde que me vi ao seu lado, colaborando, de algum modo, em favor dos que necessitam.

Devo muito ao irmão Colombino e a outros professores de caridade, que vão me auxiliando a esquecer, naquele bendito esquecimento de nós mesmos, para reconhecer que existem provações muito maiores do que as nossas.

Por aqui, as nossas dificuldades e necessidades, no setor de escola e de instrução, não mostram muita diferença.

A pessoa aborda a vida espiritual com ideias preconcebidas de felicidade eterna ou de eternas punições, isso de modo geral, e a luta, para dissolver as cristalizações mentais nesse sentido, não são pequenas.

Pede-se muito esforço para a transformação, porque não é fácil aceitar na Terra o trabalho do bem como sendo privilégio e bênção.

Por isso mesmo, quanto mais repouso indébito no mundo físico, mais movimentação neste outro lado da vida, para as devidas compensações no relógio do tempo.

Ouvimos muito sobre caridade, aí na Terra, e pensamos nela como sendo passaporte para a santificação imediata, quando se resume nela um conjunto enorme de deveres nossos perante a vida, dos quais não se pode fugir sem grandes prejuízos para nós mesmos. Não quero teorizar, desejo apenas dizer a alegria de sua filha, em nos integrarmos nas tarefas de nossa querida "Irradiação", em Goiânia.

Peço, Mãezinha, dizer à vovó que nossa querida tia Ceci é aquela mesma fonte de amor que conhecemos, buscando empenhar-se no auxílio a todos os nossos, e que o nosso querido tio Holger vai seguindo muito bem... Quando digo muito bem, não desejo separar a falta que se sente por aqui, em nos referindo aos nossos entes amados que ficaram na experiência física.

Não sei mesmo onde é que a ausência dói mais, se no caminho dos homens que se separam transito-

riamente dos Espíritos, ou se nos Espíritos que já se desvencilharam das provas humanas.

As nossas saudades são muito grandes, verdadeiros calvários de cada dia, porque sempre tememos pela insegurança da fé naqueles entes queridos que deixamos no lar do mundo.

Mas os nossos instrutores da Vida Superior afirmam que não existe outro caminho para a elevação e que, unicamente no amparo recíproco, é que surpreenderemos as necessárias alavancas de apoio. Como é fácil de ver, os conflitos são enormes e serão enormes, até que a confiança na imortalidade se faça comum nas estradas terrestres.

Peço ao seu carinho agradecer à nossa irmã Augustinha o que fez e faz por nós. Tenho procurado resgatar uma pequenina parcela de nossa dívida, tranquilizando o estimado Henrique, recém-chegado ao nosso plano. Pudesse, querida Mamãe, e retiraria todas as inquietações daquela alma nobre de irmã e mãe, no entanto, peço a Jesus lhe recomponha as fibras mutiladas do coração amoroso e bom. Henrique já trabalha um tanto, já se movimenta e procura ajudar para o rápido reajustamento, e isso é uma grande alegria. Primeira tarefa a que se deu, e se deu com grande satisfação, foi o empreendimento de consolar a pequena Juliana, que se transferiu para cá, de repente. Aos poucos, ambas as vidas se fundirão numa só, e todos reconheceremos que as Leis de Deus não nos criaram para a separação.

Agradeço os pensamentos de seu coração dedicado a nós todos, como agradeço as vibrações de auxílio que recebi de meu pai.

Querida Mãezinha, o bisavô Lage vem auxiliando a tia Ceci, e penso que em casa ficarão satisfeitos com a notícia que trago.

A Vovó Maria Poli tem sido para mim uma bênção de paz e amor e, por isso, em escrevendo esta carta, estimaria que ela tomasse a forma de um coração agradecido.

Mamãe querida, habituei-me às nossas tarefas do "Solar" e do "Recanto de Matilde" e, por isso, não posso deixar de obedecer a dois pedidos aqui rentes a mim. São eles do irmão Adolfo Braga, que deseja manifestar carinho e agradecimento à nossa irmã espiritual Maria Conceição, que lhe foi mãe no mundo, e a outra solicitação é a do jovem Oswaldo Júnior, que me recomenda dizer à irmã Ilza Pereira, presente em nossas preces, que não lhe esquece o devotamento maternal.

Muitos amigos realmente se sentiriam felizes com a possibilidade de escrever, entretanto, é preciso treinar para vencer a nós mesmos de modo a que não nos expressemos trazendo amargura.

Somos exercitados aqui a distribuir esperança e bom ânimo, e não seria justo esquecermos isso.

A nossa palavra deve ser de reconforto e de fé.

Nossos benfeitores ensinam isso com razão e, por isso mesmo, unimo-nos a todos os entes queridos, antes de tudo pelo silêncio e pela oração, até que consigamos falar sem enfraquecer ou ferir a ninguém.

Mãe querida, a todos os nossos presentes e ausentes, muito carinho e muito amor.

Ofereceremos, e isso faço em nome dos companheiros e de várias irmãs aqui reunidos conosco, as flores de nossa ternura e reconhecimento, às nossas mães queridas, pelo próximo domingo segundo de maio. Deus as engrandeça no sacrifício com que aceitaram o trabalho de nos abençoar e reencaminhar para Deus.

Muitas cousas desejaria ainda escrever, mas o horário é mais de nossos irmãos, nesta casa, que mesmo nosso.

Reunindo meu pai em nossas lembranças de carinhoso agradecimento, quero dizer-lhe, querida Mãezinha, que sou sempre a sua filha, sempre reconhecida e sempre mais sua por dentro do coração,

Marina

34

Professores de caridade

Marina Cupertino Poli, filha do Sr. Mário Cupertino e de Dona Dulce Lage Poli Cupertino, residentes em Goiânia, nasceu a 8 de outubro de 1951 e desencarnou a 19 de abril de 1969, em consequência de glomerulonefrite, que se agravou desde os quatorze anos de idade.

Foi sempre uma garota de grande círculo de amizades.

Quando criança, além das doenças cíclicas da infância, sofreu bronquite e eczema, dos quais se curou, posteriormente.

Segundo os familiares, ela nunca se revoltou ante o assédio da enfermidade, perguntando, apenas, porque só ela, dentre as primas, estava sempre com problemas de saúde.

Embora muito jovem, dizia à sua genitora para não se apoquentar com ela, pois que morreria ainda nova, esclarecendo não sentir medo algum da morte.

Estudava no Colégio Estadual de Goiânia, onde cursava o segundo ano Clássico, fazendo, ainda, o curso de Francês, na Aliança Francesa.

Era grande desportista, nadando e jogando voleibol.

Como desencarnara em abril e, em maio, seria o Dia das Mães, deixou uma carta de despedida, para esse dia, endereçada à mãe de determinada amiga, a quem queria muito bem.

Luiz Roberto: primo de Marina, desencarnado em Goiânia, a 2 de maio de 1975, em acidente automobilístico. Seus pais assistiram à recepção da mensagem, no Grupo Espírita da Prece, ao final da reunião da noite de 23 de abril de 1976.

Tia Ceci: tia avó da jovem comunicante, desencarnada em Goiânia, três anos depois de Marina.

Tio Holger: desencarnado em São José dos Campos, Estado de São Paulo, em 30 de agosto de 1949.

Augustinha: trata-se de D. Augusta Soares Gregoris, médium psicógrafa e vidente, que recebeu a primeira mensagem de Marina, oito meses após a sua desencarnação. Normalmente, continua dando notícias dela nos trabalhos da Irradiação Espírita Cristã, em Goiânia.

Henrique: filho de D. Augustinha, a respeito de quem nos alongamos nos capítulos 24, 26 e 28, desencarnado em acidente.

Vovó Maria Poli: irmã de seu avô, desencarnada há anos, em Limeira, Estado de São Paulo.

Juliana: filha de uma antiga colega de Henrique, na INCA de Brasília. Desencarnou quarenta dias depois deste último, também vítima de acidente automobilístico. Fato curioso é que até mesmo a genitora de Henrique, D. Augustinha, médium a quem a obra *Somos Seis*[1] faz referência, a propósito de um sonho, desconhecia a sua morte, na ocasião da mensagem.

Sobre a página que foi publicada no jornal *Cinco de Março*, de Goiânia[2], sob o título "Chico Xavier psicografa mensagem de conhecida jovem da sociedade goianiense – Marina fala sobre o Outro lado da Vida", sejamos breves em nossos apontamentos.

1. "Devo muito ao irmão Colombino e a outros professores de caridade, que vão me auxiliando a esquecer, naquele bendito esquecimento de nós mesmos, para reconhecer que existem provações muito maiores do que as nossas." A denominação de professores de caridade dada aos Benfeitores da Vida Maior é bastante sugestiva e, com efeito, somente eles conseguem nos auxiliar de modo efetivo, "no bendito esquecimento de nós mesmos", já que eles são os verdadeiros administradores do bem.

2. "Por isso mesmo, quanto mais repouso indébito

---

[1] Francisco Cândido Xavier, Caio Ramacciotti e Espíritos Diversos, GEEM, São Bernardo do Campo, SP.

[2] *Cinco de Março,* Goiânia, 10 a 16 de maio de 1976, Ano 17, nº 798, p. 5.

no mundo físico, mais movimentação neste outro lado da vida, para as devidas compensações no relógio do tempo."

3. "Ouvimos muito sobre caridade, aí na Terra, e pensamos nela como sendo passaporte para a santificação imediata, quando se resume nela um conjunto enorme de deveres nossos perante a vida, dos quais não se pode fugir sem grandes prejuízos para nós mesmos." Sobre a caridade, além dos capítulos XIII e XV de *O Evangelho Segundo o Espiritismo*, de Allan Kardec, recomendamos a leitura do Capítulo XXXV, expressiva página de José Silvério Horta, mais conhecido por Monsenhor Horta, da obra *Instruções Psicofônicas*[3].

4. "Não sei mesmo onde é que a ausência dói mais, se no caminho dos homens que se separam transitoriamente dos Espíritos, ou se nos Espíritos que já se desvencilharam das provas humanas." Seríssimo esse passo, que bem demonstra o continuísmo da vida após a morte, e o quanto deveremos reverenciar a Doutrina Espírita, estudando Allan Kardec, palavra a palavra.

5. "As nossas saudades são muito grandes, verdadeiros calvários de cada dia, porque sempre tememos pela insegurança da fé naqueles entes queridos que deixamos no lar do mundo." Daí, a necessidade da prática do bem infatigável, confiantes na Divina Providência, a fim de pacificarmos, no Além e no Aquém, aqueles filhos de Deus a quem denominamos entes amados.

---

[3] Francisco Cândido Xavier, *Instruções Psicofônicas,* Recebidas de vários Espíritos, no Grupo "Meimei", e organizadas por Arnaldo Rocha, FEB, Rio de Janeiro, RJ.

6. "Muitos amigos realmente se sentiriam felizes com a possibilidade de escrever, entretanto, é preciso treinar para vencer a nós mesmos de modo a que não nos expressemos trazendo amargura.

"Somos exercitados aqui a distribuir esperança e bom ânimo, e não seria justo esquecermos isso.

"A nossa palavra deve ser de reconforto e de fé." Eis, aqui, a explicação daquela passagem da segunda carta de Henrique, no Capítulo 25, quando afirma que não se sente com matrícula no colégio das mensagens. Muito importante este detalhe, especialmente para os pais que, desejosos de receberem uma palavra de filhos desencarnados, são constrangidos a esperar, às vezes, por mais de um lustro para a obtenção de semelhante bênção.

Paciência e paciência, quando um ente querido procrastinar, por tempo indeterminado, a comunicação verbal esperada com os que ficaram nas estradas terrestres, é o que aconselharíamos à expectação nesse assunto.

Para finalizar, Marina careia ainda mais o problema, como que se dirigindo a todos os pais da Terra, rogando-lhes paciência e serviço ao próximo como sendo preciosas moedas, através das quais poderão conseguir algo da Espiritualidade Maior, desde que isso se constitua em benefício para muitos, e não apenas para a família do comunicante:

"Nossos benfeitores ensinam isso com razão e, por isso mesmo, unimo-nos a todos os entes queridos, antes de tudo pelo silêncio e pela oração, até que consigamos falar sem enfraquecer ou ferir a ninguém."

35

Mensagem a um amigo

Nêgo, Deus nos abençoe.

Muito obrigado, meu amigo e meu irmão.

Agradeço por Adélia, por meus filhos e por este seu velho servidor.

O Todo-poderoso abençoe sua preciosa vida, isso, Nêgo, é tudo o que, por agora, posso dizer.

Estou forte e tranquilo, na mesma confiança.

A vida não termina.

A dimensão é outra, mas somos os mesmos, caminhando com o que temos e com o que somos para as realizações desejadas.

Reintegrado na turma dos trabalhadores da natureza, rendo graças a Deus por todos os recursos que nos enriquecem de paz e segurança.

Meu amigo, o serviço é imenso.

Por aí, em nossa Terra, vemos unicamente uma faixa reduzida do trabalho a executar.

Mediante a nossa amizade, tenho desejado associar-me com o seu esforço e ligar o seu esforço com o nosso, para termos, em suas mãos, uma estação a mais de socorro, em benefício dos que sofrem.

Pouco a pouco, esperamos conseguir isso.

Entregando-nos ao trabalho dos pequeninos, guardo a certeza de que muitos defensores deles se entregarão ao cuidado por nós.

Não se aflija.

Comecemos pensando positivamente na ligação nossa, através da oração em momento certo do dia.

Iniciaremos com alguns minutos e gradativamente seguiremos para tarefas de maior significação.

Não tenha receio.

A Natureza é o regaço maternal da Criação.

Grande progresso está nas indústrias do mundo, entretanto, a força vem das cachoeiras, do carvão ou dos resíduos de certos materiais.

O pão, cada vez mais necessário na Terra, procede do trigo ou de outros cereais que se erguem do chão, vitalizados pelo adubo que tantas vezes surge de recursos considerados desprezíveis.

A água potável desce do seio empedrado das serras ou sobe, à força das engrenagens de sucção, do fundo do solo.

Minerais diversos e elementos da vida animal, sacrificada em benefício do homem, constituem, na maior parte, a base dos medicamentos que socorrem a saúde humana.

Nenhuma edificação se levanta, nas áreas da Humanidade, sem alicerces na pedra ou nos metais extraídos de minas diversas.

A criança se consolida na experiência física, quase sempre usufruindo o leite de mães bovinas ou das mães de outras espécies variadas, como sejam as dos caprinos e equinos.

Tudo é amor na Natureza, abençoando as criaturas e cercando-as com as vantagens da proteção e da defesa necessárias.

Da gota de chuva às profundezes do mar e do pequeno trato de barro, acalentando a semente, ao brilho da luz na montanha, tudo é apoio de Deus, começando pela Mãe Natureza, humilde e abnegada, amparando-nos em silêncio na reencarnação, desde o berço que nos acolhe, na chegada aos braços fraternais, *até àquele outro berço, em forma de esquife, que nos resguarda para o descanso do corpo, então desgastado e inútil, no seio da grande Mãe Terra, que a todos nos reúne em seu infinito amor – o mesmo infinito amor que vem de Deus.*

Companheiros, trabalhemos, pois, no ministério da simplicidade e da paz.

Que a luz do nosso pensamento em ascensão para os Céus se gradue a fim de que nos voltemos para a Vida Natural, no trabalho do bem a que somos chamados.

Nêgo, o nosso santuário é nosso – nosso santuário de sempre.

Onde estiver, o espaço que a sua presença esteja marcando pode ser um desdobramento do nosso recanto de luz e paz, vida e amor.

Lembremo-nos sempre: – O Sol é chama divina de Deus no Espaço, e a vela é a resposta do homem, filho de Deus, dissipando a escuridão, que é simplesmente a ausência da luz.

Da vela ao Sol, multiformes recipientes de luz demonstram a união do homem com Deus e a de Deus com o homem, nos caminhos da evolução.

Nem todos nós podemos ser o foco irradiante que se serve de usina terrestre para brilhar, mas todos podemos ser a vela humilde, refletindo a presença do supremo Senhor, onde haja vida a consolar, encaminhar, sustentar e iluminar.

Nêgo, boa noite.

Boa noite, amigos.

Tudo está seguindo para melhor.

Paz e confiança.

Com todos, o abraço do amigo e servidor reconhecido.

Jacob

(assistido por ***Elael***)

36

Trabalhador da natureza

Da primeira página do jornal *Cinco de Março*, de Goiânia[1], extraímos a mensagem de Jacob, que veio acompanhada apenas dos seguintes lembretes, além da indicação de que foi recebida pelo médium Francisco Cândido Xavier, em reunião íntima, na noite de 18 de fevereiro de 1975, em Uberaba, Minas Gerais:

"Jacob Oliveto, autor da mensagem psicografada, residia perto de Goiânia, às margens do Rio Meia Ponte, na estrada de Bela Vista (ponte do Jacob). Quando vivo, foi um médium extraordinário, bastante conhecido e estimado na capital goiana. Faleceu há oito meses, de morte natural."

Entrevistando o destinatário da mensagem, Sr. Santinônimo Vieira Machado, distinto corretor de imóveis e médium de largos recursos, goiano residente em Uberaba, há cerca de dois lustros, conhecido dos íntimos por *Nêgo*,

[1] *Cinco de Março,* Goiânia, 5 a 11 de maio de 1975, Ano XVI, nº 744.

no dia 9 de janeiro de 1977, colhemos dele alguns dados que reputamos importantes.

1. Nascido a 7 de julho de 1904, em Piracicaba, Estado de São Paulo, Jacob Oliveto mudou-se para Goiás, em1940, residindo em Goiânia, às margens do Rio Meia Ponte, desde 1942.

Começo de sua mediunidade: 1958 – quando, à noite, levantava-se em estado sonambúlico, até que um dia se surpreendeu por ter encontrado, por indicação da esposa, D. Adélia, num pedaço de papel, anotações escritas por ele e ditadas por um Espírito de nome Alípio Francisco de Souza, que o despertavam para o trabalho no campo espiritual. Foi quando Jacob recordou que Alípio fora salvo por ele, quando em vida, de um afogamento no Rio Piracicaba, em 1935. Nessa ocasião, por agradecimento, o idoso Sr. Alípio dissera-lhe que iria tentar salvar também a vida de Jacob.

Dias após, quando Jacob cavalgava pelas pastagens do Rio Meia Ponte, foi surpreendido pelo aparecimento de um homem, à frente do cavalo, que pedia para que Jacob parasse. Jacob não obedeceu e tocou para diante, vindo a cair do cavalo.

Impressionado por não ver mais o homem que lhe aparecera, Jacob montou novamente e procurou regressar para casa.

Momentos depois, surgiu-lhe outra vez, à frente, o mesmo homem.

Em diálogo com ele, Jacob constatou ser a pessoa

que ele salvara de afogamento. Perguntando-lhe o que fazia ali, respondeu que tinha morrido e que, em Espírito, estaria ao lado dele para ajudá-lo, e que muitas vezes Jacob voltaria a vê-lo para trabalharem juntos.

Dessa época em diante, Jacob passou a ter novos encontros com o Espírito do Sr. Alípio, e esclarecimentos da Vida Espiritual que, até então, Jacob ignorava plenamente, passando a trabalhar junto aos que lhe procuravam a dedicação fraterna, buscando orientá-los espiritualmente, aconselhado pelo Espírito do Sr. Alípio. E, posteriormente, também, o médium se via amparado por outras entidades espirituais, realizando curas, orientações e socorros, até 14 de julho de 1974, quando desencarnou, em sua residência.

Foi sepultado em Aparecida de Goiânia, Estado de Goiás.

Jacob Oliveto era filho de Paulo Oliveto e de D. Francisca Dehn Oliveto, ambos paulistas.

Jacob, na revolução de 1932, perdeu a perna direita.

Casou-se, em Goiânia, com a senhora Adélia Nascimento, natural de Bela Vista, Estado de Goiás. Deste casamento teve como filhos: Iza Oliveto e Allan Oliveto, e como filho de criação – Mário Oliveto.

Com doze anos de idade, a filha Iza apresentou fenômenos mediúnicos autênticos, sendo que a jovem passou a auxiliá-lo por seis anos, permanecendo nessa assessoria até o falecimento do progenitor.

Neste mesmo período, D. Adélia também desenvolveu a vidência e a audição, que duraram três anos, quando pediu a Jacob para que lhe fosse retirada a faculdade mediúnica, o que aconteceu.

Esclarecemos, ainda, conforme apontamentos da família, que um ano após a morte de Jacob, D. Adélia passou a vê-lo em estado de desdobramento, com um detalhe: D. Adélia o vê fisicamente perfeito.

2. Jacob Oliveto foi, realmente, um médium admirável, que viveu em profundo contato com a Natureza, e levou uma vida marcada de autêntica humildade, socorrendo a milhares de pessoas que o procuravam em busca de consolo, a todos distribuindo o lenitivo apropriado, com palavras simples, desataviadas, porém sinceras e confortadoras sempre; Santinônimo, que o conhecia de longa data, foi testemunha de fenômenos de efeitos físicos que, se ocorressem ante parapsicólogos e cientistas, os deixariam estupefatos.

3. No dia da transmissão da mensagem, Santinônimo encontrava-se numa fazenda, a serviço, cerca de quarenta quilômetros de Uberaba, quando percebeu Jacob, perfeitamente materializado, dizendo-lhe:

– Nêgo, hoje preciso lhe transmitir uma mensagem. Não pode passar de hoje.

Logo mais, duas horas depois, novamente o Espírito se corporificou ao seu lado, e insistiu:

– Nêgo, preciso, ainda hoje, transmitir-lhe uma mensagem.

Santinônimo, já com a tarefa quase concluída, apressou-se e se dirigiu para a sua residência, em Uberaba. À noite, visitando o médium Chico Xavier, completamente esquecido das ocorrências mediúnicas do dia, ouviu deste a seguinte observação:

– Desde cedo, meu caro Nêgo, o Espírito de Jacob está querendo transmitir uma mensagem para você. Vamos ver se conseguimos isso.

Minutos depois, feita a concentração, após a prece inicial, Santinônimo sentiu-se fora do corpo físico, e percebeu que Jacob falava através de uma espécie de microfone, em voz pausada, enquanto o lápis de Chico Xavier corria, assessorado por um Espírito que se postava atrás do médium de Emmanuel.

Ao final da ligeira reunião, quando Chico Xavier leu a mensagem, Santinônimo apenas ouviu de novo a expressão "assistido por Elael", já que ouvira a voz, a mesma voz de Jacob, durante a transmissão da página mediúnica.

Pelo que depreendemos da "Mensagem a um Amigo", Jacob Oliveto é um Espírito pertencente à equipe dos "trabalhadores da Natureza", com imensas possibilidades de auxiliar a nós todos, os reencarnados que ainda continuamos presos à matéria, não obstante abracemos uma doutrina de libertação espiritual completa qual o Espiritismo. Possivelmente, uma entidade da mesma envergadura do conhecido amigo espiritual José Grosso – profundamente humilde e, talvez por isso mesmo, profundamente sábio.

37

"Mamãe, aqui temos jardins e escolas, parques e flores"

Minha querida Mãezinha, querido Papai.

Abençoem-me!

Fiz muitos exercícios para escrever esta carta, mas não sei como agir direito.

Mãezinha e Papai, vocês choraram tanto e me chamaram com tanto amor que, desde minhas melhoras, quero responder. Venho pedir à Mamãe que creia em mim. Ela me fala, quase todas as noites:

— Meu filho, se existe outra vida, venha ver a sua mãe! Venha ver a falta que você faz. Fale, meu filhinho, comigo, o que existe, e fale depressa para que eu e seu pai consigamos viver.

Isso, Mãezinha, eu ouço de seu querido coração,

em nossa casa da Rua 128, quando há silêncio bastante para receber a presença de nossas lembranças. Estou sempre que posso, desde que comecei a melhorar, lá no número 20, recordando com as suas recordações...

Papai, por que o senhor há de pensar que poderia ter evitado tudo o que aconteceu? Tenha fé em Deus, meu pai querido, e não se culpe por desejar colocar mais conforto em nossa casa feliz. Aquela luz que se apagou e a luz que acendi na vela chegavam de longe.

Aqui, temos muitas aulas. Não sei explicar como os professores daqui explicam, mas fiquei sabendo que todo sofrimento que não provocamos é resultado de sofrimento que já causamos em outros tempos. Não tenho meios de esclarecer isso, mas os amigos nossos aqui são muitos, e todos me auxiliam, esclarecendo.

Mamãe, quando as queimaduras ficaram profundas, eu não lembrava com segurança o que havia acontecido. Lembro-me que Papai estava assustado, querendo colocar a gente fora de perigo, mas isso para seu filho não seria possível. Mas, no hospital, eu queria ver o papai me tratando, sem saber que ele também estava lutando com os braços feridos. Não sei contar como foi aquela aflição toda de ver que todos perto de mim mostravam rosto triste, até que, num certo momento, que não sei precisar, senti-me aliviado, quase tranquilo. As feridas das queimaduras ainda doíam, mas eu estava diferente. Eu estava num colo de mãe, tão acolhedor, e me via embalado muito suavemente, e com tanto carinho, que eu pensei ter obtido alta e estava em nossa casa, em seu colo.

Chamei por você, Mamãe, com aquela confiança de todo dia, mas o semblante de alguém, que não era a senhora, abeirou-se de meu rosto e uns lábios de bondade parecendo com os seus me beijaram. "Não tenha medo, meu filho, sou a Vovó Alexandrina em lugar de sua mãe." Escutei essas palavras sem o menor receio e sem qualquer ideia de morte, e havia lutado tanto com o corpo antigo que me entreguei, de novo, ao descanso.

Acordei numa escola-hospital com os seus e com os chamados de Papai. A senhora sabe quanto deve ter chorado também, mas aquela abençoada protetora que me ensinou a chamá-la por Vovó Alexandrina me sossegava o coração. Era preciso ser bem comportado, e fiz muita força.

Médicos me assistiram. Eram outra vez os médicos sem meu pai. Um deles, que se dá a conhecer por Doutor Paulo Rosa, entregou-me aos cuidados de um amigo de Papai e do meu avô José, o nosso amigo José Fernandes Valente, que me serviu de enfermeiro com outras pessoas boas. São tantas que não sei. Mas posso dizer à senhora e a meu Pai que o irmão Tarcísio Siqueira e o Padre ou Monsenhor Pitaluga me prestam muitos serviços.

Monsenhor Pitaluga me falou das preces da Vovó Augusta e do Vovô Zico, e dos meus avôs e parentes, todos que pediam a Deus por nós. Estou mais forte. Não tenho mais a pele ferida e os meus cabelos estão como no retrato melhor.

A senhora, Mãezinha, e você, Papai, não se esqueçam de que temos muito a trabalhar pela Jeanine e pelo nosso Wagner.

Os amigos que fiz aqui, dentre eles o Izídio, do Seu Cacildo, e o Henrique, de Dona Augustinha, estão me auxiliando a escrever.

Mamãe, aqui temos jardins e escolas, parques e flores, muitos diálogos com professores e muita música, mas sentimos muita falta de nossos pais que ficam no mundo. Tenho companheiros bons, com quem encontro muitas distrações, mas o esquecimento daqueles que amamos não existe. A saudade é uma espécie de imã no coração. Tenho dias em que meu Espírito parece uma peça atraída para a nossa casa, e então sou levado até lá para aliviar-me. Conto isso, mas não é para chorarem. Tudo já passou. Agora, eles, os professores, deixam-me escrever em confiança.

Não devo escrever nada que aumente o sofrimento em meus pais e irmãos queridos.

Mamãe, sabe o que tenho pedido a Deus? Tenho pedido para que a fé venha morar em seu coração, como sendo uma estrela no céu, porque o seu carinho é o céu para nós. Não deixe nossa casa triste. Faça nossas músicas, Mamãe. Elas serão preces pela felicidade de seu fiho. Seu sorriso e o sorriso de Papai são luzes para mim.

Sempre que eu puder, escreverei. Quero dizer à senhora e Papai que o Tio Antônio e Tio Godofredo são dois amigos muito legais para mim.

Agora é o momento de parar, mas carta com saudade parece corpo com o coração batendo incessantemente. O coração não para nem quando se dorme no mundo, e a saudade para mim é isto que estou falando: um relógio por dentro, que marca tempo constante de nossa ligação e de nosso amor.

Papai, receba um beijo na testa, com a alegria de havermos vencido a prova da cola incendiada, e você, Mamãe, guarde, como sempre, todo o coração de seu filho e seu companheiro de sempre,

Maurício

38

Luzes que chegavam de longe

Ainda sob o impacto de profunda emoção, que persistiu durante a datilografia definitiva do capítulo anterior, verdadeira obra-prima da Literatura Mediúnica Espírita, resta-nos sugerir ao leitor amigo, tão logo se inteire dos dados comprobatórios da aludida mensagem, a ela retornar para nova leitura, deixando-se imergir na aura de Espiritualidade Superior que dela dimana.

A fina joia de fino valor mediúnico a que nos reportamos foi recebida pelo médium Xavier, ao final da sessão da noite de 22 de abril de 1977, no Grupo Espírita da Prece, em Uberaba, Minas.

Da peça primorosa que nos traça, com mão de mestre, o perfil da Lei de Causa e Efeito – "aquela luz que se apagou e a luz que acendi na vela chegavam de longe" –, salientemos tão somente os elementos identificadores da entidade comunicante, importantes para muitos dos nossos irmãos que compõem a grande Família Humana Reencarnada:

1. *Maurício*: Maurício Xavier de Vieira nasceu em Goiânia, Estado de Goiás, a 14 de dezembro de 1968. Filho do Dr. José Vieira Filho, distinto médico que exerce a Clínica de Anestesiologia, em Goiânia, e de D. Alexandrina Maria Xavier Vieira. Desencarnou em consequência de queimaduras, por acidente, no dia 17 de maio de 1976, em Goiânia, com 7 anos de idade.

2. *Casa da Rua 128, número 20*: Setor Sul. Local onde entrevistamos os pais de Maurício, na tarde de 4 de fevereiro de 1987.

3. *Vovó Alexandrina*: Bisavó de Maurício. Trata-se da Sra. Alexandrina Fontes Xavier, que nasceu e desencarnou em Anápolis, Estado de Goiás, respectivamente, a 13 de agosto de 1888 e 3 de março de 1936.

4. *Doutor Paulo Rosa*: distinto médico pediatra, que clinicava em Anápolis, e escritor de renome que ganhou o primeiro lugar em dois concursos de contos – da Rádio Nacional e o jornal médico “Pulso”. Conforme dados fornecidos por seus familiares, Dr. Paulo Rosa nasceu em Uberaba, Estado de Minas Gerais, a 22 de janeiro de 1904, e desencarnou em Anápolis, Estado de Goiás, a 6 de novembro de 1969. Segundo o jornal uberabense “Lavoura e Comércio”, de 27 de novembro de 1969 (Ano LXXI, nº 17434, p. 3), a desencarnação do ilustre médico e figura

de relevo no panorama intelectual de todo o Brasil Central teria se dado a 25-11-69.

5. *Meu avô José*: avô paterno de Maurício. Trata-se de José Vieira, que nasceu em São Francisco, Estado de Goiás, a 15 de maio de 1898.

6. *José Fernandes Valente*: farmacêutico antigo de Anápolis, amigo da família. Nasceu em Descalvado, Estado de São Paulo, a 17 de junho de 1898, e desencarnou em Anápolis (GO), a 13 de abril de 1974.

7. *Irmão Tarcísio Siqueira*: compadre do Avô materno de Maurício. Escrivão do 1° Ofício, em Anápolis. Nasceu em Jaraguá, Estado de Goiás, em 1904, e desencarnou em Anápolis, em 1963.

8. *Padre ou Monsenhor Pitaluga*: trata-se de João Olímpio Pitaluga. Vigário da Paróquia do Bom Jesus de Anápolis, durante vários anos, nasceu na antiga Vila Boa, Estado de Goiás, em 1895, e desencarnou em Anápolis, em 1970. (Dados colhidos no Museu de Anápolis.)

9. *Vovó Augusta*: avó materna, Sra. Augusta Leite Xavier, que nasceu em Sacramento, Estado de Minas Gerais.

10. *Vovô Zico*: avô materno, Sr. Brasil Xavier Nunes. Nasceu em Silvânia, Estado de Goiás, a 20 de setembro de 1907.

11. *Jeanine e Wagner*: Irmãos de Maurício, respectivamente, nascidos em 11 de junho de 1964 e 7 de agosto de 1965, em Goiânia, Estado de Goiás.

12. *O Izídio, do Seu Cacildo, e o Henrique, de Dona Augustinha*: nossos conhecidos de capítulos que compõem a Segunda Parte deste livro. Henrique, primo de Maurício.

13. *Tio Antônio*: trata-se do bisavô Antônio Xavier Nunes, que nasceu em Goiás, Estado de Goiás, a 7 de outubro de 1873, e desencarnou em Anápolis, a 20 de setembro de 1960.

14. *Tio Godofredo*: Sr. Godofredo Xavier Nunes, irmão do bisavô, desencarnado. Nasceu na cidade de Goiás, em 1883, e desencarnou em Anápolis, em 1952.

Depois de percorrer estas notas, leitor amigo, volte, por gentileza, à página de Maurício para que, edificado, possa enxugar as lágrimas de emoção que, por certo, lhe aflorarão dos olhos.

Terceira Parte

Notas à Guisa de Conclusão

39

Sobre as notas

Rogando desculpas ao leitor, não apenas pela extensão de nossos apontamentos, mas, sobretudo, por situar esta espécie de posfácio no livro, esclarecemos que o escopo deste capítulo é aclarar possíveis mal-entendidos decorrentes das citações feitas ao longo deste volume.

Em nos referindo a qualquer autor não espírita, evidentemente, que nos interessa dele, no contexto geral, apenas o material transcrito e, em absoluto, não quer dizer que apoiemos as ideias gerais dele, ou quaisquer pontos de vistas pessoais. Interessa-nos aqui somente o que se relacione com a Doutrina Espírita. Fora daí, tudo que merecer a nossa observação e que for além do objetivo que procuramos, será mero complemento cultural e nada mais.

Isto posto, refiramo-nos a algumas das notas de pé

de página, as quais, a nosso ver, poderiam suscitar dúvidas no leitor:

Primeira Parte – Cap. 2, Nota 1: Citando a Dra. Elisabeth Kübler-Ross, nossa preocupação foi demonstrar que, dentre os médicos, há quem se interesse pelos assuntos ligados à Morte, confirmando o que o Espiritismo já vem demonstrando há mais de um século. Sugerimos a leitura de seu livro *Sobre a Morte e o Morrer* (Trad. De Thereza Liberman Kipnis, EDART – São Paulo Livraria Editora Ltda., Editora da Universidade de São Paulo, 1977); do artigo do professor Carlos da Silva Lacaz – *Sobre a morte e o morrer*" (Folha de S. Paulo, 25 de dezembro de 1977) e do *Vida Depois da Vida*, do Dr. Raymond A. Moody Jr. (Trad. De Rodolfo Azzi, Editora Edibolso S.A., São Paulo, 1977).

Segunda Parte – Cap 14, Nota 1: Procuramos evidenciar: a) o motivo pelo qual os pais, em nossa cultura, costumam asilar, no íntimo, complexos de culpa em relação aos filhos que venham a passar dificuldades de toda a ordem ou que desencarnem violentamente; b) a importância do Espiritismo para a Sociedade, demonstrando as Leis que regem o Mundo Invisível; c) que, existindo uma comunicação não-verbal entre todas as criaturas de modo geral, há de haver, entre os elementos da constelação familiar, maior intercâmbio por via inconsciente, daí, o imperativo de nos educarmos na escola da reforma íntima, para crescimento espiritual de todos, e nos precatarmos quanto à instalação de remorso ou ressentimento em nós mesmos, quando algum dos membros da equipe doméstica venha a se transferir, de modo subitâneo, para o Mundo Espiritual.

40

Entrevista com Chico Xavier/Emmanuel

Numa tentativa de afastar quaisquer dúvidas que possam pairar no espírito do leitor, e visando à nossa edificação espiritual, procuramos o médium Francisco Cândido Xavier, no dia 12 de fevereiro de 1977, e lhe fizemos as seguintes perguntas:

1ª) Chico, há tempos, numa de nossas sessões de Desobsessão, lembro-me de que se comunicou o Espírito de um jovem, que nos solicitava, a todos os presentes, preces e vibrações em benefício da equipe de que fazia parte, a fim de que ele e seus companheiros pudessem alcançar êxito na tarefa de que se incumbiram: socorrer, no Plano Terrestre, os jovens catalogados pela Psiquiatria como sendo portadores de distúrbios de conduta ou personalidades psicopáticas. Sendo eles jovens desencarnados, conseguiam, com mais facilidade, auxiliar aos outros jovens reencarnados, presas de conflitos e angústias de toda a ordem. Ora, sendo a Providência Divina perfeita em seus desígnios, e havendo, atualmente, devido à conjuntura de fundo econômico-social, maior possibilidade de retorno desses jovens ao Plano Espiritual, haveria lógica na rogativa daquele Espírito?

Resposta de Chico Xavier: *Emmanuel costuma explicar que, assim como no Plano Físico, todos necessitamos de encorajamento e serenidade para o desempenho das obrigações que abraçamos, o mesmo sucede nos Planos Espirituais. Nesse sentido, a prece, em favor de alguém, funciona sempre por agente de sustentação e incentivo.*

2ª) Perguntamos, ainda considerando o que se deu com a Talidomida, que inicialmente serviu aos Desígnios Superiores para ressarcimento de dívida cármica de vários Espíritos que se comprometeram com a Lei de Causa e Efeito, por ocasião da Segunda Grande Guerra, segundo informes de Irmão X[1], por seu intermédio, caro Chico, e hoje, a aludida substância química sintética é utilizada para o tratamento de uma forma grave de doença, que sempre levou o pânico ao Homem, em todas as épocas da Humanidade, perguntamos, repetimos:

a) no caso de existirem equipes de socorro, formadas por jovens recentemente desencarnados, como

---

[1] Francisco Cândido Xavier, Irmão X, *Contos desta e doutra Vida*, FEB, Rio de Janeiro, RJ.

funcionam esses grupos, em suas diversas modalidades de serviço?

b) estaria a Divina Providência aproveitando o estágio tecnológico do Planeta, para enviar à Terra aqueles Espíritos que se comprometeram, no passado remoto, na Idade Média ou em tempos mais recuados, e/ou no passado recente, perante eles próprios, praticando a violência contra outros seres humanos?

c) que poderiam os Espíritos Superiores acrescentar de confortador para os pais terrestres que se tornam difíceis diante da necessidade da conformação?

d) poderíamos, além da prática do bem incessante, utilizar outros meios para evitar que os jovens retornem de forma tão abrupta para o Plano Extracorpóreo?

Respostas de Emmanuel à 2ª pergunta, por itens:

a) *Os grupos de auxílio do Mundo Espiritual trabalham em bases de solidariedade e tolerância recíproca, amor e compreensão, características do êxito de qualquer tarefa em grupo, efetuada na Terra que conhecemos.*

b) Sim.

c) Aceitarmos todas as Leis de Deus que nos regem, dedicando-nos, tanto quanto nos seja possível, ao preparo ou educação espiritual uns dos outros, a fim de vivermos, no Mundo Físico, no conhecimento de nossas responsabilidades individuais, de tal modo, que não nos sintamos culpados por omissão, quanto à orientação dos entes que amamos, no campo do auxílio mútuo.

d) Se nos empenharmos na preparação da criança, quanto à vida imperecível de que é depositária, sem viciá-la com superproteção e sem espancá-la nos momentos de erro, peculiares a nós todos; se ensinarmos aos nossos filhos ou tutelados, em pequeninos, que nenhum deles é melhor ou pior do que os filhos e tutelados de nossos vizinhos, alertando-os, desde cedo, quanto à necessidade do respeito e da prudência, no trato com os bens e dons da vida, a juventude não estará sujeita a tantas provações, quais as que anotamos, na atualidade, em que tantos de nós doamos apaixonada afeição à criança com manifesto descaso por sua formação íntima.